U0530880

2021 年，北京

张亚勤当选中国工程院 2021 年外籍院士，并出席中国工程院院士授予仪式，右为中国工程院院长李晓红院士。

2019 年，美国

张亚勤当选美国艺术与科学院院士，出席美国艺术与科学院院士授予仪式并签署承诺书。

2019 年，英国

张亚勤参加英国萨里大学会议，被授予萨里大学名誉博士学位（第一排左五是爱德华公爵，第一排左四是英国萨里大学校长逯高清）。

2023 年，英国

张亚勤与图灵奖获得者约书亚·本吉奥（左一）、姚期智（左二），加州大学伯克利分校教授斯图尔特·罗素（右一）联合召集首届"人工智能安全国际对话"。本次会议在英国牛津郡迪奇利庄园进行，随后发布了一份国际 AI 安全联合声明，影响深远。"人工智能安全国际对话"后续又相继在北京、威尼斯举办。

2025 年，瑞士

在达沃斯举办的人工智能全球发展与合作分论坛上，张亚勤与诺贝尔奖获得者戴密斯·哈萨比斯爵士（左一）、伯克利大学计算机系教授宋晓冬（左二）、图灵奖获得者约书亚·本吉奥（左三）共同探讨国际合作。分论坛由麻省理工学院物理学教授麦克斯·泰格马克主持。

2020 年，北京

时任清华大学校长邱勇与张亚勤为清华大学智能产业研究院（AIR）揭牌。

2013 年，北京

时任微软全球资深副总裁张亚勤与特斯拉创始人兼首席执行官马斯克共同参加极客对话的晚宴。

2019 年，美国

时任百度公司总裁张亚勤访问英伟达公司硅谷总部，与英伟达创始人兼首席执行官黄仁勋探讨合作。

2018 年，北京

时任百度公司总裁张亚勤出席戴姆勒和百度自动驾驶与车联网战略合作签约仪式。与戴姆勒时任董事会主席蔡澈（左四）、戴姆勒时任总裁康林松（左二）、百度董事长李彦宏（左五）等合影。

1999 年，美国

张亚勤获得美国电气工程师名誉学会"1998 年度杰出年轻电气工程师奖"，图为时任美国总统比尔·克林顿给张亚勤的贺信。

THE WHITE HOUSE
WASHINGTON

March 18, 1999

Ya-Qin Zhang, Ph.D.

Dear Dr. Zhang:

I am delighted to congratulate you as you are honored with the Eta Kappa Nu 1998 Outstanding Young Electrical Engineer Award by the Electrical Engineering Honor Society.

You truly understand the value of hard work and commitment. A great deal of effort is always necessary for the successful fulfillment of any endeavor, and I commend you for your special accomplishment. You are an inspiration for others.

Best wishes for every future success.

Sincerely,

Bill Clinton

智能涌现

AI时代的
思考与探索

张亚勤　著

中信出版集团｜北京

图书在版编目（CIP）数据

智能涌现：AI时代的思考与探索 / 张亚勤著. --
北京：中信出版社, 2025.3. -- ISBN 978-7-5217
-7441-2 (2025.5重印)

Ⅰ.F492

中国国家版本馆CIP数据核字第2025GP4731号

智能涌现——AI时代的思考与探索

著者： 张亚勤
出版发行：中信出版集团股份有限公司
（北京市朝阳区东三环北路27号嘉铭中心　邮编　100020）
承印者： 北京通州皇家印刷厂

开本：787mm×1092mm 1/16　印张：20.5　彩插：4　字数：196千字
版次：2025年3月第1版　印次：2025年5月第4次印刷
书号：ISBN 978-7-5217-7441-2
定价：79.00元

版权所有·侵权必究
如有印刷、装订问题，本公司负责调换。
服务热线：400-600-8099
投稿邮箱：author@citicpub.com

目录

推荐序一　姚期智　/ 01
推荐序二　雷军　/ 04
自　　序　/ 08

第 1 章
扑面而来的时代机遇：
数字化 3.0 与数字经济 3.0

数字化 3.0：物理世界与生物世界的数字化　/ 003
数字经济 3.0：从原子到比特，再回归原子　/ 010
时代在召唤：打造世界顶尖的创新研发平台　/ 016
附录 1　人工智能是第四次工业革命的技术基石　/ 021
附录 2　"智能 +"大风暴即将深刻影响世界　/ 024

第 2 章
人工智能是第四次工业革命的技术引擎

影响人工智能性能表现的三个基础要素 / 029

ChatGPT 现象 / 036

大模型时代：变革与超越 / 042

第 3 章
科学智能，慧及未来

智能 + X：人工智能如何与产业应用深度耦合 / 051

人工智能 + 新科学：开启"科学智能"时代 / 055

人工智能 + 生命科学的机遇与挑战 / 062

第 4 章
拥抱绿色计算与具身智能

智慧物联赋能绿色计算 / 073

具身智能与 RSR / 079

第 5 章
人工智能 + 自动驾驶的破局之路

自动驾驶不仅可以实现，还有望成为主流的出行方式 / 093

人工智能驱动全球汽车产业的变革与突破 / 100

自动驾驶的难点与挑战 / 104

自动驾驶的人工智能算法 / 113

自动驾驶：中美在互鉴中成长 / 118

第 6 章
人工智能的风险与安全保障

如何确保大模型技术应用的安全性 / 135

必须高度重视人工智能风险 / 140

业界在行动 / 147

3R 原则 / 153

附录 1　首届人工智能安全国际对话与会科学家的联合声明 / 160

附录 2　北京人工智能安全国际共识 / 163

附录 3　AI 安全国际对话威尼斯共识 / 166

附录 4　人工智能飞速进步背景下的极端风险管理 / 172

第 7 章
变革中的思索、感受和期望

关于人工智能的进阶思索 / 187

高校与研究院所的时代责任 / 192

人工智能时代,不改少年初心 / 198

第 8 章
高端对话

对话朱云来 / 211
AI 的未来以及投资机会

对话朱民 / 221
颠覆认知的 AI 时代与智能涌现

对话李开复 / 241
未来的首富将来自 AI 公司

对话约翰·汉尼斯、尤瓦尔 ·赫拉利、杨澜等 / 262
生物智能、AI 科技和伦理

对话麦克斯·泰格马克 、大卫·克鲁格 / 282
未来已来,AI 发展的影响和风险

对话柯蒂斯·卡尔森 / 290
创新以致远

对话郭帆 / 294
AI 涌现与电影工业 3.0

致 谢 / 303

推荐序 一

姚期智

中国科学院院士，计算机科学家

2000 年图灵奖获得者，清华大学教授

很高兴收到了亚勤的新书样稿。初读之后，我的感觉是，亚勤似乎是想通过这本书，与读者隔空探讨人工智能技术创新和应用的前景，包括因技术进步而生的机会和风险——这样的尝试非常可贵，特别是今天，人工智能的发展在产业和社会的方方面面牵动着世界的发展，没有人可以置身事外。亚勤能够将自己多年来对人工智能的思考与解读、探索与预测结集成书，这无疑为产业内外许多对人工智能有着浓厚兴趣的读者提供了全新的观察视角。

从我的角度看，当下人工智能领域有两个最显著的趋势：一是怎样从弱智能、低智能走向更强大的通用智能；二是与人工智能自身的技术进化相比，人工智能与学科交叉工作蕴藏的突破机会同样重要，也更有可能。

第一个趋势是，不少处于人工智能创新前沿的专家认为，我们距离真正的通用人工智能（AGI）已经很近，或许确实如此。事实上，有能力处理更多事务的具身多模态通用智能，正是许多研究者矢志跨越的关隘。能不能让将来的人工智能（AI）系统、机器人、自动驾驶车辆等，有足够的本领感知、理解物理世界，并在与各种人、事、物交互的过程中产生更高、更类人的智能，答案已接近揭晓——我想，未来的世界，一定是一个人与机器和谐相处的世界。机器人当然可能有各种形态、各种用途，而且机器新物种的数目必然会超过人类总和。它们会变成职场、家庭乃至全社会重要的一分子，变成陪伴一代代人成长的伙伴。所以，围绕通用人工智能及其衍生出的新产业势必会成为下一个历史阶段全球创新竞赛的核心。

第二个趋势是学科间的交叉赋能。研究和发现正在从单一学科走向交叉化。在生物科技、医疗健康、新能源、新材料等领域都已积累了不少案例，在寻求颠覆性的创新课题层面也产生了一些激动人心的成果。可以预见，这一趋势将不断扩展、持续深化，并最终改变科研的范式与科学的面貌。2024年的诺贝尔物理学奖、化学奖都颁给了人工智能的研究者，特别是阿尔法折叠（AlphaFold）的开发者戴密斯·哈萨比斯和约翰·江珀，他们不仅在 2023 年获得了加拿大盖尔德纳奖（Canada Gairdner Awards）和美国拉斯克医学奖（Lasker Awards），还成为 2024 年的诺奖赢家，这说明人工智能在交叉学科确实做出了非常了不起的成绩。

  趋势在前，顺势进取应该会成为很多人的选择。不过，也要看到：首先，人工智能基础理论研究依旧至关重要。近年来，大模型的发展非常迅速，但大模型和人工智能生成内容（AIGC）也只是人工智能技术发展的路径之一。更强大、更安全的人工智能需要扎实的理论基石作为支撑。其次，让机器像人类一样进行思考和判断仍然是人工智能研究者努力的方向，特别是人工智能的推理能力尽管有了很大的进步，但还需要更大的进步。最后，应该理性看待人工智能技术的发展。人工智能算法存在天然缺陷，使得它容易被攻击，况且，技术如若被用于不当领域（如生物的基因编辑或核反应等），或是被滥用，就可能给世界带来深重灾难。研究者、应用者对此应有清醒的认识，并及时制定相应的规范和标准。

  总的来说，亚勤的新书对人工智能风暴形成并壮大的深层原因、现实利弊、未来趋势给出了清晰的解释。这本书深入浅出，谈到的议题层次高但行文平白有力。我相信这本书可以为万千读者，无论是专家还是社会大众，带来有益的启示及感悟。

2024 年 12 月

推荐序 二

雷军
小米科技有限责任公司创始人、董事长、首席执行官

张亚勤是我多年的好友,小米和亚勤领导的清华智能产业研究院(AIR)结缘于清华大学110周年校庆之际。2021年4月,距AIR成立150多天,小米公益基金会就决定在AIR设立"小米人工智能创新研究基金",资助人工智能、机器人、医疗健康等前沿领域的创新科研,同时支持电子系、软件学院、自动化系、计算机系等专业学生的实践课程建设。

小米为什么做这个决定?在人工智能领域,小米和AIR的理念是高度一致的。在亚勤的带领下,成立仅4年的AIR已成为一家备受瞩目的研究机构,不但在人工智能基础理论研究、算法开发、系统构建等方面展现出强大的科研实力,还通过学术研究与产业应用

的紧密结合，探索出了将科研成果转化为生产力的快速通路。此外，AIR 还培养了一批高水平的人工智能人才，为中国乃至全球人工智能产业的发展贡献了力量。小米的科技理念是："选择对人类文明有长期价值的技术领域，坚持长期持续投入。"对于人工智能，小米很早就开始坚定布局，从 2016 年组建第一支视觉 AI 团队至今，小米人工智能团队已拥有 3 000 多名工程师。我相信，人工智能是未来的生产力，必然会全面赋能所有行业；人工智能更是人们美好生活的关键支撑，是人车家全生态的核心基石。因此，人工智能一定是小米长期持续投入的底层赛道。小米愿意与 AIR 深化交流、合力创新，以科技改变世界、塑造未来。

在科技创新领域创业 30 多年，我见证过这个时代最杰出、最有远见与底蕴、最具执行力的科学家、政府决策者、商业领袖与创业家，他们为推动科技进步做出了卓越的贡献，亚勤正是这些人中的一员。

这些年来，很多人都问过我，"什么时候是最佳的创业时机"。我的感受是，当一些崭新的技术、产品初现雏形时，或者全新的用户需求"小荷才露尖尖角"时，把握创业的机缘，都有更高的乘势而上的概率。当然，不是所有的趋势都马上能够成为巨大的机会，但如果能成大势，那一定早已显现出征兆。亚勤的杰出在于，他总能敏锐地捕捉到这些征兆。比如，很早之前，他就判定云计算、大数据将给整个信息技术产业带来翻天覆地的变化；2016 年，他提出了"人工智能是第四次工业革命的技术基石""'智能+'是'互联网+'的延伸和下一站"等观点；而且，在大语言模型和生成式人工智能引发广泛关注之前，他就已率领团队深入研究自动驾驶技术，并为从零开始创立的 AIR 加上了"智能"和"产业"两个限定词。

收到张亚勤先生寄来的书稿时，我非常高兴。这是他在向大家分享他最新的思考与研究成果，我看完后也心有戚戚焉。

这本书中有很多内容涉及已然成势或即将成势的契机——亚勤对"行业已进入物理智能、数字智能、生物智能相互融合的创新周期"的判断，对大模型和生成式人工智能的价值认知与前瞻思考，对自动驾驶车辆即将再度重构全球汽车产业的预言，都引人入胜、启人深思。所以我觉得，无论是已被人工智能技术波及的产业从业人员，还是暂时处于产业之外、对人工智能感到好奇的普通读者，都可能经由这本书窥见未来世界的一角。

其中关于"数字化 3.0"的界定和描述，关于 AI 技术发展的"3R 原则"都非常精彩、引人入胜。同时，我也坚持认为，贯穿软硬件融合、虚拟与物理世界联通的"数字化大一统"是未来智能世界的大势所趋；而 AI 作为其中的关键部分，应当也必须坚持"以人为中心"，从赋予每个人更好、更公平、更有尊严的生活出发，这是科技的正道，更是世界发展的正道。

亚勤和我，不仅是理念上的碰撞与共鸣，更是将理念融入了共同的实践。我和小米的团队一直在持续探索、投入 AI 的技术与应用，目前我们也正在新一轮的 AI 发展浪潮中，积极布局，开拓新的篇章。小米愿意与包括 AIR 在内的国内外优秀研发机构深化交流、合力创新，以科技改变世界、塑造未来。

2024 年 12 月

自序

智能涌现：无尽前沿

如果将人类文明的发展历程视作一部卷帙浩繁的厚重著作，那么全世界进入高速发展的现代化阶段只占据了其中极少的一部分。

就像是基因突变，人类的物质积累从匮乏到富足，对世界的认知从浅薄到深刻，跨越空间、接收信息的效率从极低到极高……一切的变化仅用了短短200多年。我们是怎么做到的？我想，归根结底，是由于人类历经数千年积淀，真正推开了科学的无尽前沿之门。

18世纪末蒸汽革命的背后，有着物理、数学、工程学以及全球地理大发现的推动；20世纪初电气与能源革命的背后，有着电磁学、化学、天文学的硕果被成功转化至产业生态的诱因；20世纪末信息革命的背后，有着量子物理、信息论、控制论等多元学科的最新成果经由芯片、网络等载体涌入现实世界的背景。

以上三次历史事件，被称作现代化进程中的三次工业革命，或者说产业革命。通过总结现象背后的规律与共性，我们会发现每一次工业革命的爆发都大致符合一个发展范式：科学的无尽前沿之门被推开，大量先进的研究成果和技术创意加速向产业界流动，并得以转化。这些转化而来的成果往往以一项或多项关键性通用技术为基石，最终承托起社会经济的指数级增长。

今后，人工智能将成为那枚再度开启科学无尽前沿之门的钥匙与引燃下一次工业革命的导火索吗？

在此，我想引入一个人工智能大模型领域的专业词汇——"涌现"（Emergence）。当数据量和模型参数的体量达到一定程度，如百亿参数级别时，会出现涌现现象，即模型的准确度和可预测性突然跳跃式提升。这种现象也可以用人汲取知识的过程来比喻，我们每天读书求知，当积累超过某个阈值，便会瞬间融会贯通，就像是开窍。目前，有关大模型为何会出现涌现现象，具体的数学模型和因果关系尚不清晰——但一个相对清晰的事实是，近年来，作为一种经验律，规模定律显著影响着人工智能的性能提升。也就是说，当数据、算力和参数提升到某种规模时，智能会呈指数级上升。

我们该如何触发智能时代的突破性技术涌现？这些技术怎样反哺产业升级？多年来，我在求学和从业过程中一直在思考这些问题。2019年，我决定从百度退休，将工作重心再一次转移到学术和科研上。当时我有一个基础、清晰的判断：这次改变对我来说并不是重新开始，而是将此前我在产业界积淀的许多思索整合、重塑为某种更加立体的结构，并借此指引和规范后续的工作实践。在我看来，即将展开的一系列新故事的主线，就是我们应如何推开第四次工业革命的大门。

人工智能必然是这个时代最重要的技术变革力量

倘若没有蒸汽机的发明和大规模应用，很难想象我们能够迎来内燃机的升级和革新。也就是说，第四次工业革命的启动方式，一定是与此前的科学进步和产业进化一脉相承的。如今，符合这一规律且能承载更多重任的技术就是 AI。

以深度学习为代表和标志的新一代 AI 技术，其本质是在大数据、强算力的基础上持续提升算法效果。我们看到，AI 已经在许多任务处理领域取得了接近甚至超越人类平均水平的成绩。尤其是过去的两三年，一个大的成果就是生成式 AI。

2022 年 11 月 30 日，ChatGPT 刚发布，我便尝试使用了一番，结果大受震撼。第一，我觉得，ChatGPT 的出世意味着，人类历史上首次出现了真正可以通过图灵测试的智能体——1950 年，艾伦·图灵先生发表了论文《计算机器与智能》（Computing Machinery and Intelligence），继而提出了图灵测试的思想实验。60 多年来，图灵测试一直是我们这些计算机科研人员希望攀越的峰巅。直至今日，尘埃落定。机器在某种意义上已经学会了思考。第二，我认为，大模型将成为 AI 时代新的操作系统，就像个人计算机（PC）时代的 Windows、移动时代的 iOS 和 Android。第三，我判断，大模型是我们从面向具体任务的 AI 迈向通用人工智能的起跑线。

我感受过的"ChatGPT 时刻"

1986 年，我刚到美国求学，第一次摸到了传说中的苹果 Macintosh 电脑。在国内，我只用过需要输入字符命令的机器，所以可以想象，我接触到图形用户界面和鼠标时会是怎样的心情。

第二次是 20 世纪 90 年代初，我在桑纳福实验室研究与高清数字电视相关的视频压缩技术。在相关人士的现场见证下，我们首次将所有系统集成在一起，在一间配有 5.1 环绕声设备的小黑屋里，放映了由索尼高清摄像机专门拍摄的长达 15 分钟的高尔夫比赛和滑雪比赛的视频片段——现实世界的雪花与高尔夫球场在全新数字技术的加持下重现于每个人的眼前，大家都震撼于电视画面居然可以如此清晰。在此之前，许多观众（包括政策制定者）对数字电视的推广都持保守态度，但在度过精彩的 15 分钟后，所有人都成为支持者。

第三次是 2016 年 3 月，阿尔法狗（AlphaGo）首次战胜人类围棋高手李世石的那个时刻。我也下围棋，在那之前，我完全不相信机器能赢人类，那时我想"至少还需要 5 年吧"。围棋是人类发明的最难、最复杂的棋类，我虽然已经在研究 AI，却并不认为 AlphaGo 能如此迅速地战胜世界围棋冠军——AI 的强大第一次超出了我的预期。

我很高兴地看到，2025 年春节前，一家中国公司创造了属于自己的"ChatGPT 时刻"——DeepSeek（深度求索）刷新了大规模依赖算力出奇迹的固有模式，用更少的资源、更小的团队、更短的时间，训练出性能达到全球顶尖水平的新一代模型。DeepSeek 还打破了 ChatGPT "两个月用户数突破 1 亿"的纪录，仅用 7 天便实现了 1 亿用户的增长，我试用之后，惊叹于 DeepSeek 团队的创造力和行动力，也深深感受到江山代有人才出。在某些时刻，充满朝气的新锐力量在 AI 领域的创新上更具优势。年轻一代从后卫转为前锋，可能只需要很短的时间。

回归正题，通过屡屡打破人类认知的非凡表现，AI 已成为基于互联网、大数据、云计算等产业要素且日益强大的最新通用技术。同时，AI 技术的多点落地、普及应用亦成为新一轮数字化发展的关键任务。

我本人有幸亲身经历并深度参与了数字化发展的每一个重要阶段：从以高清电视为代表的媒介数字化到互联网时代迅速崛起、体量惊人的数字经济，再到智能从低到高、从弱到强的进化路径及其蕴藏的无穷可能性。正是这样的经历，让我时常能够跳出当下，捕捉到那些可能改变未来的技术力量的踪影。2000 年，我提出了与当时的 AI 训练模式不同的探索思路——我称之为"智能人工"（Intelligent Agent）；2012 年，我预见了互联网的物理化，几年后还据此制定了 ABC（AI、Big Data、Cloud）的技术和产品框架，指出了从"互联网＋"到"智能＋"的趋势和机遇。

AI 的价值方向必然会落实在不同产业的深层变革上

在 2016 年冬季达沃斯论坛上，我谈道，AI 是当代最具变革性的技术力量，也是第四次工业革命的技术引擎，将深层次地颠覆每个传统业态，重构产业格局。

既已锁定了 AI 这一技术锚点，对我来说，接下来的任务自然是圈定重返学术界的研究方向。

AI 技术带来的改变更加深刻、复杂、立体，不仅会改变内容、信息、企业，还将深入渗透到物理世界和生物世界。我认为这可能导致一个差异化现象：AI 为个人消费者带来的价值提升，可能是渐进的、逐步积累的；AI 为企业乃至行业带来的价值改变，则可能是高效的、迅速颠覆的。举例来说，AI 带动的自动驾驶变革，显然能够从最底层改写汽车和交通产业的运行逻辑。AI 驱策的医疗行业变革，有可能重新定义医生这一职业角色，乃至重塑各级医疗体系。

AI 与产业结合这件事非常重要。从产业界切换到学术界，我的兴趣点和事业目标并不是关起门来搞研究、写论文，而是深入挖掘技术的潜能，使之能够更快更深入地改造产业。

在身份方面，我应该从场上的球员切换到场下的教练，而且最让我感兴趣的是，在可以预见的未来，这场名为"产业智能"的精彩比赛不会停歇。这是一场 21 世纪全人类共同参与的赛事，我和我的队友们将全力以赴，追求更好的表现。

第四次工业革命必须适配新的产学研范式

明确了回归学术界的技术锚点与研究方向后，我开始思考具体的行动方式。

观察历史可知，每一次工业革命依赖的科研基座和成果转化通道都在变得更加复杂：早期的工业革命或许仅靠发明家便能推进；到了电气革命阶段，出现了更多企业与科研院校相互配合的范例；再发展到信息革命阶段，涌现了更具融合性的科研组织形式，国家实验室、企业研究院、大学科研力量以及社会研究机构承担了更艰巨的使命、更前沿的探索任务，贝尔实验室、IBM 公司的华生实验室（T. J. Watson Labs）、施乐帕洛阿尔托研究中心（Palo Alto Research Center，PARC）、微软研究院等具有典范意义的科研机构应运而生。

站在第四次工业革命的大门前，我们同样需要再一次更新科研范式，尤其面向智能产业时，需要将专业知识、产业需求和前沿智能化技术更紧密地结合。我们由目标逆推实现方法就会发现，为智能革命输送创新能量的主体，不能仅仅是高校内的院系和企业中的研究团队。

可不可以突破以往科研范式的边界，以未来的应用蓝图为灯塔，重新构筑一种与产业需求结合度更高的智能技术研究底座？这或许是我在决定回归学术界时的最大期待。

聚焦AI在多元产业的落地辐射，并以此为导向开展科研探索，培养融会产学研能力的高水准人才——我的这些构想和目标很快得到了各界同人的认可。

我觉得"无尽前沿"这个说法很有意思。"无尽前沿"源自曼哈顿计划的重要贡献者、美国国家科学基金会的倡建人范内瓦·布什于1945年提交给罗斯福总统的一份名为《科学——无尽的前沿》的报告。该报告深刻影响了二战后美国的科技政策，为之后半导体、计算机、航天航空等产业的发展营造了良好的环境，某种意义上还推动了美国乃至全球基础科学的进步。今天，AI的理论、算法、应用势必会给全世界每个人、每个组织带来深远的影响。

无尽前沿之门从未关闭，但它需要我们这些科技工作者一次次地努力推动，才能让作为整体的人类牢牢把握每一个牵动未来的可能。

第 1 章

扑面而来的时代机遇：
数字化 3.0 与数字经济 3.0

数字化 3.0：物理世界与生物世界的数字化

一个显而易见、为大多数人所认可的共识是：过去数十年间，数字化大潮汤汤而来，席卷、吞没了我们所知的一切——从沟通、消费、娱乐到生产、交通、商业往来，从浅层到深层，从局部到整体，无不深深地烙刻上了数字化的印记。

社交软件、电商平台、二维码扫描、移动支付、搜索与摘要……这些我们日常访问的数字资源、时常重复的行为动作，都以数字化的发展基座为依托。时至今日，没有哪家现代化企业能够在脱离了手机、PC、网络的情况下完成办公与经营。

内容的数字化与关系的数字化

历史上，数字化 1.0 大约开始于 20 世纪 80 年代。其时，最主要的数字化目标可以归纳为内容的数字化。围绕着来自自然界和人类社会各种各样的内容表述，产业各界展开了一系列将文字、声音、图片、影像等媒体内容进行数字转化的探索。例如，我们熟知的数字电视信号、数码相机等，都是这一时代的数字化产物。确认了媒体内容的数字转化是可行的，接下来自然是数字内容的标准化，MP3、H.26x、AVS 等具有影响力的多媒体数字化算法渐次出现。随着 PC 的推出和普及，文档的数字化成为构建办公新形态的首要需求，于是衍生出 Word、PowerPoint、Excel 等标准化文档格式，全球企业的数字化办公步伐由此加快。

　　数字化 2.0 兴起于 20 世纪 90 年代中期。在此阶段，一方面内容的数字化仍在持续扩展和升级，另一方面又叠加了一个全新的数字化空间——企业数字化。究其原因，大约从 20 世纪 90 年代中期开始，互联网、HTTP（超文本传送协议）、HTML（超文本标记语言）渐成主流，很快便催生出规模空前庞大的消费互联网。这种变革不仅彻底改变了每个人理解世界、获取信息的方式，还大大提升了人、商品、资讯之间的交互效率，进而不断孵化出新的产业业态，为无数企业带来了创新创业、发展发迹的机遇。从早期的上网入口、门户网站到搜索、电商、社交，再到后来的共享经济、协同办公以及数字货币、移动支付，等等，每一次互联网新浪潮不仅推动着经济形态实现了不同程度的升级，还不断提高了产业效率。数字化 2.0 给中国带来的改变尤为明显，例如，今天我们已经很少用现金来支付，电商购物、外卖订餐、订网约车都已成为日常生活中司空见惯的场景。成功把握数字化 2.0 的风口，让中国从信息化时代的学习者、追赶者，变成了移动互联网时代的创造者、领跑者。我们也由此打造了全世界覆盖范围最广阔的无线通信网络、用户体验最便利高效的消费互联网，以及规模惊人、活力十足的高科技业态。

与消费互联网的快速发展同步，国内企业也在数字化的各条延展线上持续细化与革新。从 ERP（企业资源计划）、CRM（客户关系管理）、HRM（人力资源管理）、Supply Chain（供应链）、BI（商务智能）、数据库等较早的企业应用到云计算崛起后，IaaS（基础设施即服务）、SaaS（软件即服务）和智能云等领域都因为中国企业的奋起追赶而逐渐缩小了与全球顶尖玩家在企业数字化运用规模效应上的差距。

云计算、大数据、企业 IT（信息技术）软件的勃兴，不仅让每一家企业的财务、办公、运营、供需链管理、品牌宣传等工作都可以转至线上完成，还能获得前数字化时代难以想象的高效率和高准确率。与此同时，数字化也成为企业在特殊时期确保业务延续、自身幸存的关键武器。例如，新冠疫情期间，全球大量企业转向远程办公、云上开发、直播产品发布，从而在极端条件下保障了业务仍可正常运行。客观上，这使得许多人重新认识到数字化能力对企业、对产业乃至对经济体系的重要价值。

概括地说，数字化 1.0、2.0 的进程就是将人类世界中已然存在的事物由易向难、由少向多地转译、复刻至数字世界——从起初的文字、声音、图片、影像到后来的人际网络、商业网络、企业经营等各种世俗关系的数字化。接下来的数字化 3.0 阶段，则将以物理世界与生物世界的数字化为重心。

物理世界与生物世界的数字化

首先，来看看物理世界的数字化。随着网络条件的升级、传感技术的迭代及云计算能力的增强，越来越多现实存在的物体、物质都可以在数字世界中完成映射，实现物与物、物与人、物与智能之间的全新连接关系。如果说数字化 2.0 时代改变的是人与周遭世界的关系，那么数字化 3.0 时代改变的便是物与世界的存在关系和交互逻辑。

举例来说，工厂和机械是第一次工业革命的核心要素，从 18 世纪起就已在人类世界大规模出现。200 多年来，工厂、机械的生产力和能源利用效率不断提升，其基本运行逻辑却没有发生过质的改变。那么，发展到数字化 3.0 时代又会怎样？

我们将看到：工厂里大量原本必须由人工完成的工作被 AI 接管；多数设备将连入工业互联网体系内，可以自行完成原料调配、流水装配、协同作业；工厂的运行、产品制造、维护状况实时映射于数字孪生世界，在云端以远程的方式来统驭全局、解决细节问题；借助AI推演，管理者可以超前发现可能存在的缺失或漏洞，防患于未然……在这样的情境下，不只是全程零人工参与，甚至无须开灯照明的"黑灯工厂"工业模式也有可能成为现实；更重要的是，工厂本身亦有潜力成长为拥有数字化大脑的无机生命体，可以自行完成各种复杂精密的生产程序。

再比如汽车。百余年来，汽车工业经历了多次迭代，汽车产品本身的速度表现、易驾驭性、安全性和舒适性都有了极大的改善，但自始至终从未改变的是产品使用模式——汽车必然需要一位司机与一辆车进行合作。交通效率、平均时速、驾驭安全性都要由人类司机来负责；而在数字化3.0时代，自动驾驶与无人驾驶的春天已近在眼前。在L4等级（第四等级）的自动驾驶场景中，人类司机就已经不参与驾驶进程，汽车自身便可为速度决策，通过能力判断为安全概率负责。到了L5等级（第五等级），汽车可以彻底取消方向盘设计。至此，汽车将完全转变为某种新的东西，转变为数字新技术在物理道路上的实体投射，那就像是保护着主人、在道路上飞奔的外骨骼，又像是科技侧的神行甲马。

接下来，从我们每个人的身边（无论是路、车、信号灯，还是家庭、车间、职场）延展到整座城市、整个国家乃至世界大部分区域，都将因数字技术而开启多轮次的进化。在这个过程中，弹指间爆发、新增的数据量便可能是此刻的千倍、万倍。例如，仅一台无人驾驶车辆每日产生的数据量便高达5T~10T。更重要的改变体现在，与数据主要提供给所需人员、用以辅助其决策的数字化 1.0 与数字化 2.0 时代相比，在数字化 3.0 时代，99% 以上的数据将在机器间传输，经过瞬间过滤、萃取、提炼、重组，凝结为新的知识、洞察或决策提议，再传递给所需人员。同时，在物理世界中，无数事物都将连入一张更立体、更广阔的网络（卫星互联网），它们可以主动发起计算需求，并由智能驱动，向人类提供前瞻、全面、贴身的服务。

其次，更令人浮想联翩的空间是生物世界的数字化。很多科学家、科幻作家在眺望未来时，都认为人类的终极发展方向有两个：一是索之于外，观测宇宙之理；二是求之于内，探究基因之秘。生物世界的数字化，将是我们靠近第二个发展方向的关键一步。在 AI 技术及多种数字技术的跨学科驱动下，人类的大脑、身体器官、DNA（脱氧核糖核酸）、蛋白质结构等都可能渐渐实现数字化。与此同时，各种新型生物电子芯片、脑机接口等技术也将快速发展（见图 1.1）。

从现实到虚拟再到现实，从宏观到微观再到宏观，数字世界正逐步与物理世界、生物世界走向融合，数字孪生等技术则可以让人们更清晰地将物理世界和生物世界镜像化、同步化至数字世界。

简单来说，数字化 3.0 是继内容数字化、关系数字化后，必然会实现的信息、物理与生物形态的融合。这是今后很长一段时间内最重要的产业进化方向，将推动数字经济 3.0 更快成形。

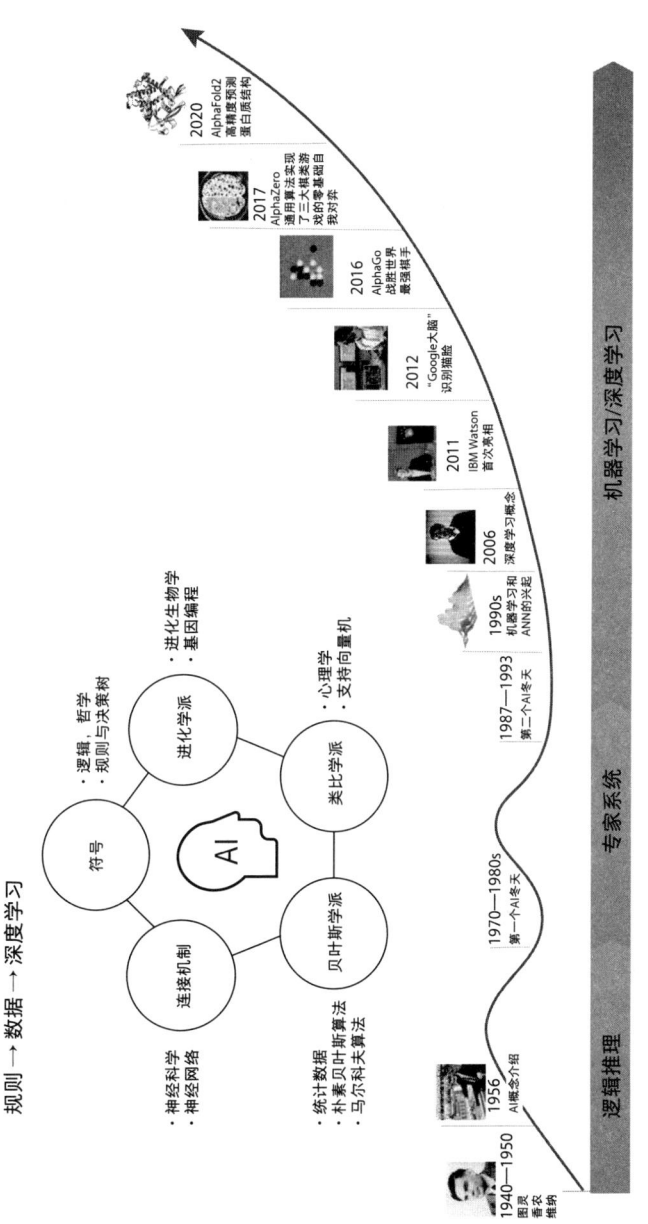

图 1.1 人工智能：机器学习智能和知识的探索

第 1 章 扑面而来的时代机遇：数字化 3.0 与数字经济 3.0

009

数字经济 3.0：从原子到比特，再回归原子

从原子到比特

早在 1995 年前后，数字经济的概念就已经被提出，距今已有约 30 年的历史。当时，随互联网的发明而来的机遇与风险在发达国家得到了广泛深入的讨论。其中具有代表性的一种观点是尼古拉·尼葛洛庞帝于 1995 年出版的《数字化生存》中提出的，他预测，未来人类将生存于虚拟、数字化的活动空间里，也就是人类将由原子世界进入比特世界。这个设想在当时被一些人认为是天方夜谭、技术乌托邦，但随后，从数字化 1.0 到数字化 3.0 的发展历程在某些方面印证了该书的预言。

人类对数字经济的最初认知，是在数字空间中进行的消费、交换、生产等经济活动。数字化带来了互联网的基础设施化，带来了家用电脑、智能手机的普及。人类大量的生产与商业行为被

放置于线上，同时带动了千百种行业、无数家企业的数字化建设。在这个过程中，各阶段的数字化重心亦有所不同。比如在数字化 1.0 阶段，内容的数字化创造了高清电视等新的增长机会；而随着互联网的发展与普及，电商、社交、长短视频等应用模式兴起，孕育了巨大的数字经济发展机遇。

根据以太网的发明者罗伯特·梅特卡夫提出的"梅特卡夫定律"（Metcalfe's Law），网络的价值与其用户（或节点）数量的平方成正比，即 N 个联结可以创造出 N 的 2 次方效益。现今，全球约 53 亿用户每时每刻都在借助形形色色的数字装备接入互联网，其可能创造的效益、潜能不言而喻。

不只是个人用户，无数企业也在积极推动数字化转型的进程。崛起的在线经济迫使企业努力适应新的业务开拓方式、流程协同方式以及品牌宣传方式，针对自身 IT 设施与服务体系的预算不断增加，ERP、云计算、大数据、商业智能等数字化布局渐渐成为企业存续、业务创新的关键。数字化 2.0 的风潮由企业及医院、学校、政府机构等组织波及城市、乡村，进而扩展至国家的数字化建设与数字基础设施投资。这些需求和供给构成了数字经济的另一面，即因组织、机构的数字化转型需求而生的机遇，与全民参与的在线经济交相呼应，谱写出自进入 21 世纪以来数字经济 2.0 阶段的发展主旋律。

数字经济再度进化的新形态，必然是以在线经济与实体经济融合为特征。我国很早之前（2015 年）就开始实施"互联网+"

行动战略，意在将互联网伴生的高效触达、平台化、移动化等价值与实体经济相结合，这种思路可以看作数字化 3.0 的开端。

从比特回归原子

2016 年，我在博鳌亚洲论坛上提出了"智能+"的构想，这一构想可以被视为"互联网+"的延伸与下一站，即数字化 3.0 和数字经济 3.0 的新站点。这一阶段经济发展的关键逻辑是加速物理世界与数字世界的融合，即从比特回归原子。由此，物理世界与数字世界之间的映射关系会被更新。一方面，实体经济将释放出全新的势能澎湃的爆发力，产业需求从"互联网+"进阶至"智能+"，被 AI 赋能的交通、物联、生命科学、机器人等诸多领域都将出现真正意义上的技术突破与体验跃升，这无疑意味着巨大的经济影响力。另一方面，虚拟空间中的在线经济模型也将与现实世界深度结合，数字孪生、元宇宙这些技术概念将有机会影响甚至左右企业的业绩表现，进而为实体经济开辟出新的增长路径。

展望更遥远的未来，或许人们周遭的一切场景都将拥有实时更新的数字镜像，或者叫数字分身、数字副本，而虚拟世界与现实世界之间的界限也可能不再泾渭分明。看起来就像电影《头号玩家》里的设定，但这样的未来距离每个人并不遥远。想想看，实体货币诞生至今已有数千年历史，却在短短十余年间，就被数字化货币与移动支付颠覆。今天，至少在中国，手机比钱包更重要，带上一部手机就可以走遍大江南北。

接下来，自动驾驶技术会让交通工具更彻底地数字化，由智能系统代替人类指挥交通、操作车辆。同时，生物的数字化进程也可能大大提速。我们的DNA、蛋白质、细胞、分子等生物组学信息都能够被智能系统以数据形式清晰表达出来，人们随时随地都可以查看自身整体与各器官的健康程度，并根据数据表现、智能提示来改变生活方式或及时求医。

最终，数字化世界将与现实融为一体，智能也将成为与空气、水、电、互联网相似的基础资源。

对数字化建设的每一分投入都能获得回报

中国数字经济的基础规模十分庞大，已具备发生质变的先决条件。2024年8月27日，中国信息通信研究院发布的《中国数字经济发展研究报告（2024年）》显示，中国数字经济规模扩张稳步推进。2023年，中国数字经济规模达到53.9万亿元，较2022年增长3.7万亿元。数字经济占GDP（国内生产总值）的比重达到42.8%，较2022年提升1.3个百分点，数字经济是国民经济的关键支撑和重要动力。同时，数字经济同比名义增长7.39%，高于同期GDP名义增速2.76个百分点，数字经济增长对GDP增长的贡献率为66.45%，有效提升我国经济发展的韧性和活力。

这些基础数据意味着，数字经济在某种程度上已成为中国经济的核心、支柱。数字经济的发展成效与发展速率，直接决定着中国经济的未来成长空间，以及世界对于中国经济的想象空间。尤其值得注意的是，如今，全球经济普遍进入被各种不确定因素扰动的周期里，而在中国，数字经济依旧保持着强韧的增长速率，这一点是其他大部分经济发展模式无法相比的。

在数字经济的重要性不断强化的背景下，中国对数字经济基础设施建设，特别是相关新技术研发的重视达到了史无前例的高度。早在2017年，中国就将发展人工智能提升到国家战略高度；在网络方面，中国已建成全球覆盖范围最广、技术领先的基础设施，每个地市都实现了千兆光网接入，并且部署了规模首屈一指的5G网络；东数西算工程正在打造一张更大的跨地区、集中式算力网。事实上，针对AI、计算、网络等基础设施不断加大投资力度，是催化智能技术走向产业应用的重要推力。未来，产学研各界唯有以应用为导向，持续加速技术发明与产品创新，才能有效消化并释放中国新一代信息技术基础设施投资，而这也极可能加速科技创新红利期的到来。

数字经济的顺畅发展，需要三个步骤的工作来为其保驾护航。第一步是完成数字化基础建设，没有从个人、企业到全社会的数字化成果积淀，就没有数字经济的成形与壮大。第二步是进行智能化转型，大力提升个人和组织对 AI 技术的利用强度和广度，才能引爆多年以来积累的各种数据的潜能，使之能够真正反哺社会发展与进步的过程。第三步是推动技术的实用化、落地化、产业化，积极尝试将数字技术投射到有需求的产业空间，通过更大胆的实验、实践来探索无尽前沿。

整体而言，谈到今后中国数字经济的建设，依然绕不开这三个步骤——既可以有先有后，也可以同步向前。今天，中国仍有大量行业处于数字化的初级阶段，因此坚定不移地鼓励各行业推进数字化建设是十分必要的。另外，具备了一定的数字化基础并希望更快地从新技术中获取红利的企业已瞄准智能化，其中更有不少勇于尝鲜者已切实体会到投资 AI、利用 AI 的好处。无论如何，对数字化建设的每一分投入都能获得回报。

尽管如此，AI 技术的普及和产业化、规模化应用仍有很长一段路要走；而将 AI 技术转化为新的产业、探究 AI 技术的产业化可能性，迄今还是相当前沿的工作，需要政企学各界勠力同心、推动发展。

时代在召唤：打造世界顶尖的创新研发平台

读书 20 载、工作 30 年，我常常思考一个问题，如何通过培养人才、孵化科技、构建生态、驱动产业发展来回报国家和社会，这是我内心深处始终未了的情怀。当我看到 AI 技术的发展正在迎来黄金时代，每个人都已身处一生一遇的技术爆发期，我感觉时机成熟了。

对我来说，在"清华大学智能产业研究院"这一名称中，清华大学、智能、产业、研究院，每个词都十分重要，缺一不可。该名称的英文缩写是 AIR，A 代表 AI；I 既代表 Industry（产业），也代表 International（国际化）；R 当然代表 Research（科研）。这一名称亦隐含了让 AI 如空气般无处不在、人人依赖的寓意。我将 AIR 的愿景设定为，为第四次工业革命提供技术驱动力，打造一个全球化、智能化的产业研究机构。目标宏大但聚焦，定位简单却清晰。

我于1999年回国参与创立微软亚洲研究院（MSRA），更早之前则是在桑纳福研究院（现斯坦福研究院，SRI）。两家研究院都很优秀，运营模式可谓各有特点。微软亚洲研究院的定位十分清晰，就是做偏向应用侧的研究，许多研发项目来自微软各产品部门，因此其研究方向往往受到公司战略与产品重心的制约。斯坦福研究院是社会化的研究机构，拥有悠久且辉煌的历史，孕育过许多曾改变世界的发明与备受业界瞩目的公司，如彩色电视、鼠标、达芬奇手术机器人、被苹果收购的 Siri 等。斯坦福研究院脱胎于斯坦福大学，并因此与斯坦福大学保持着密切的合作关系，共享了不少研究资源和技术，但它现在是一个独立的法人实体。

结合斯坦福研究院和微软亚洲研究院模式的经验，我想，AIR 首先应与像清华这样的顶尖高校深度绑定，以确保我们可以凭借近水楼台的优势及时发现和吸纳天资不凡的新生代人才。同时，AIR 也必须具备对接整个产业、可迅速跟进主流创新趋势的灵活性。

由此，我们确定了发展模式：以科研为主，与产业携手合作，通过建立先进的研发机制，在实战过程中培养前沿领军人才，特别是首席技术官（CTO）、首席架构师等产业精英。这样的精英仅通过课堂授业是很难培养出来的，更快的方式是由曾在国内外高科技公司担任过首席技术官、首席架构师的前辈手把手地培养。

无论是马维英、赵峰，还是聂再清、刘云新，都是行业内的领军人才,既有高深的学术造诣,也有深厚的产业背景。我坚信,研究机构的文化是由初创时的几个人定义的。只需要看初创团队是什么样的,就能知道机构未来可以做成什么样的事,甚至不需要告诉他们往哪个方向走,你信赖并选定的人的日常思维方式、科研习惯、工作标准,都会自然而然地推动着事业往正确的方向前进。

目前,包括智慧交通、智慧医疗、智慧物联及大数据智能和具身智能在内,我们共确立了三个研究方向,建立了五支团队,每一个方向都有首席科学家带队攻坚。

选定这些方向,做出这样的安排,主要是基于三个层面的考量。

第一,我希望瞄准一些拥有巨大商业空间与成长机遇的领域。以智慧交通举例,根据市场调研机构发布的数据,中国无人驾驶汽车的市场规模在 2023 年已达到 118.5 亿元,预计到 2029 年将增至 1 206.8 亿元。智慧医疗的每一步进展都与国计民生息息相关,不仅有助于彻底解决医疗资源紧缺且分配不均的问题,还能弥合生命科学与人工智能的领域鸿沟,加速科学发现。智慧物联则涉及工业物联网和智能制造、智能孪生等分支领域,潜在的发展空间无比广袤。

第二,我希望对于我们锁定的每个领域,AI 都能在其中发挥极其重要的作用,甚至是决定性、颠覆性的作用。也就是说,目前的几个研究方向都可能因 AI 的介入而发生代际突变。

第三，我希望每个研发方向都能与可观的社会效益、长期的社会影响相关联。例如，自动驾驶可以减少交通事故；AI+医疗能够挽救生命，让每个人的身体更健康；AI+IoT（物联网）绿色计算有助于实现双碳目标，让地球更美好；而机器人将从根本上改变工业生产范式和人们的生活方式。

一种美妙的、极有可能成真的可能性是：今后50年，我们选择的研发方向都将持续对世界产生影响。

培养未来的技术领军人才始终是我的第一目标。对于既有很强的学术研究能力，也谙熟产业、能够领军操刀实务的CTO或首席架构师，我称之为"双引擎精英"。他们有系统的思维，有能力去设计全局和底层的技术架构、产品架构。我觉得这也是今后很长一段时间内中国最需要的人才。

我们当前正处于数字智能、物理智能与生物智能三大智能融合的技术周期。数字智能是把进阶的智能赋予所有的数字体，包括硬件、软件和服务，让亿万用户可以随时随地、借助任何方式来获取智能体验。物理智能是物理世界的数字化，多年以前便已开始，尚需时日以待完成。同时，产业升级、产业互联网也指向物理智能。生物智能是生物世界的数字化，方向为机器智能、人脑和生物的交叉研究。事实上，AIoT（人工智能物联网）可视为数字世界和物理世界的接口，生物计算则可视为数字世界和生物世界的接口。

在三大智能融合的技术周期，一切才刚刚开始。在过往历次工业革命中，中国都是跟随者、参与者，这一次终于有机会成为某些领域的开创者、引领者。面对眼前史诗般的机遇，每一位负责任的科技工作者都不应错失良机。

附录1
人工智能是第四次工业革命的技术基石[①]

人工智能已迎来发展的核心阶段

人工智能在过去几年渐渐成为主流，也迎来了发展的核心阶段，要知道在十几、二十年前，这项技术也仅仅只在实验室里出现。而人工智能作为一种基本技术，在我们提供的产品和服务的每一处都得以体现，如语音识别、文字识别、机器翻译及自动驾驶技术，等等。我们都知道人工智能的研究需要一些硬性资源来支撑，其中之一就是强大的计算能力和大数据，而它们只由一些大型企业提供。

---

① 本文来自张亚勤在世界经济论坛2016年年会（冬季达沃斯）人工智能分论坛上的讲话。此处有部分删减。

人工智能对研发环境的要求日益提升，其发展比大多数人想象的要快

让我们回到无人车驾驶这个问题上，百度于2015年在北京完成了第一次路测，从百度的办公大楼出发，在关闭状态下的普通路段、高速公路上进行了测试，并且这一过程完全没有人力的介入。在这样的情况下，无人车的最高速度达到了100km/h，并且能够完成人开车时进行的各种复杂操作。但是，还需要一定的时间才可以实现商业量产，其难度不仅在于电脑技术的革新，在于要能够感知物体，还在于要知道行人的位置。当然，我们还需要一些基础的装置，比如完全不同的高精度地图、能够精准定位到几厘米的雷达扫描设备。只要有了更多的投入和基础装置准备，它的发展就比大多数人想象的要快，不会花费20年的时间。

如何确保人工智能可靠且可控，需要全世界共同思考

强大的人工智能是否会超越人类智力的发展？这在当下很有争议。我们需要确保人工智能是可靠且可控的。短期内从产业发展的角度我们投资的是弱人工智能。这事实上是人类智力的放大，然而，当我们考虑事情的另一面时，我们会发现，随着机器变得

越来越智能，随着人类越来越依赖这些精妙的机器，人类在某种意义上显得不那么聪明了。我们现在通过搜索引擎查找资料，要不了多久我们可能连车都不会开了。没错，我们变懒了，我们不会像从前那样花时间去思考。这种情况在本质上可以视作一种社会行为的变化。在这种情况下，人们的思维方式以及决策方式将大为不同。举个例子，大概一个月前，我和妻子开车从西雅图到温哥华，出发后一两个小时，我们接到物业公司的电话说我们家被非法闯入了。我们开车回家后，警察在那里调查，但什么事都没有发生。然后，他们回放监控视频，发现是我们家的吸尘器不知怎么启动了，打扫完屋子后自动归位。这样的事情很奇怪、很有趣。随着机器自动化越来越高，越来越多的智能机器人将出现在寻常百姓家，这些都是我们应当考虑的问题。

现在来看，未来几十年人工智能都是很多技术的基础，也是发展其他一切的动力，所以如果你在创业、在投资，考虑人工智能吧，它是其他一切事物的必需品。

附录 2
"智能+"大风暴即将深刻影响世界[①]

"互联网+"的进一步发展会是什么？我的答案是"智能+"。

第一次工业革命发端于纺织工业的规模化与蒸汽机的广泛应用，第二次工业革命揭开了电气时代的帷幕，第三次工业革命以原子能、航天、计算机和互联网等科技的突进为标志。我预言，"智能+"将成为第四次工业革命的技术基石。

一场可能如 PC、智能手机、互联网那样深刻影响世界、改变人类生活的大风暴正在酝酿且即将成形。

这就是"智能+"的一个很好例证。人工智能可以让机器活起来，让机器人学习沟通、学习思考，然后学习感受。十几年前 IBM 的深蓝计算机依靠运算速度战胜国际象棋世界冠军卡斯帕罗夫，基于深度学习的 AlphaGo 则是"智能+"的胜利。与深蓝计

[①] 本文来自张亚勤在《人民日报海外版》发表的文章，2016 年 3 月 28 日。此处有删改。

算机不同的是，AlphaGo被添加了策略网络和价值网络，这是对人脑思维的初步模拟，虽然只是一小步，但机器的智能化实现方式已经有了质的变化，将AlphaGo称为开启"智能+"时代的一款机器，也并不为过。

那么，"智能+"如何定义？

以人为核心，基于互联网技术如云计算、物联网、大数据、人工智能等的生态与系统而形成的高度信息对称、和谐与高效运转的社会生态，是"智能+"的标志。今后30年，"智能+"将加速物理世界与数字世界的融合，再度重构3 600行的商业模式与竞争法则。社会形态将被智能化信息技术重塑，每个人都会被契合其个性化需求的信息环绕。

除了自动驾驶，人工智能在语音识别、图像识别、机器翻译等领域也取得了较好的成绩。百度将凭借在人工智能领域的杰出建树，变现科技成果，积极营造繁荣的服务产业生态。顺应"智能+"的发展方向，人工智能将以人的需求为核心，以信息科技为手段，通过连接3 600行打造良好的创业创新平台，有效带动传统产业的互联网化升级改造。

第 2 章

人工智能是第四次工业革命的技术引擎

影响人工智能性能表现的三个基础要素

以达特茅斯会议为起点,回顾人工智能自概念诞生以来的六十余年,如同潮汐,政企学各界对 AI 的探索热情几经涨落。

经历了两次 AI 研究的寒冬,在深度学习技术思路的牵引下,AI 进入了大数据、大计算、大模型算法的时代。先进的存、算、数据能力成为 AI 又一次崛起的前提条件。了解了这一点,便可以约略推测出当前的 AI 将来可能遇到的瓶颈、限制,以及需要完成的跨越。

从 AlphaGo、AlphaGo Zero 称雄围棋领域到 AlphaFold2 震撼医疗领域、达成高精度预测蛋白质结构的成就,再到 ChatGPT 通过图灵测试、几乎在一夜之间风靡全球,AI 技术对我们所处的物理世界和数字世界的改变骤然加速。这一系列的成就与荣耀在很大程度上得益于深度学习技术思路的萌生与发展。预计 5~10 年内,深度学习仍是 AI 技术体系中最重要的算法模型,但这一技术思路也需与时俱进，不断改变和提升。

面对数字化 3.0 阶段将物理世界与生物世界进行数字化的复杂需求，研究者需要"知识＋数据＋算力"驱动的融合性 AI 算法，需要构建结合了符号逻辑、知识型推理和第一性原理的 AI 新范式。要想实现这些目标，就须推动那些影响 AI 性能表现的基础要素逐一完成突破，如此方能获得远超今日 AI 能力极限的新一代 AI。也就是说，今天的 AI 很强大，但还可以更强大。

影响 AI 性能表现的三个基础要素是算力、数据和算法。算力和数据是算法的底座，是为算法服务的前置条件。

算法是 AI 三要素的核心，决定着 AI 技术能否真正创造出赋能应用的价值，以及能创造多大的价值。今后，算法依旧会处于 AI 三要素的核心位置。具体到 AI 领域，算法一般指最终实现"机器拟人"目标的运算策略和运算规则。

历经六十余年的漫长发展，AI 领域累积了数量相当可观的算法财富。这些算法可以被视作科研工作者一次次朝向 AGI 终极目标发起的冲锋。其中，一些算法曾取得划时代的耀眼成就；另一些算法则被尘封于历史长河里；更多的算法研究则编织了 AI 学术脉络的一部分，以日拱一卒的方式执着推动着 AI 的发展。

在深度学习技术探索的早期，递归神经网络（RNN）、卷积神经网络（CNN）、长短期记忆人工神经网络（LSTM）是主要的代表性算法。近年来，生成对抗网络（GAN）和成果惊人的预训练大模型（Transformer-Based）为基于深度学习思路的算法开启了新的发展空间。这些围绕着深度学习的算法创新，业已令 AI 取得了举世瞩目的成就，比如演绎了垂直增长神话的 ChatGPT，被广泛应用于安防、鉴权领域的人脸识别等。可以说，如今，在感知智能领域，如语音识别、物体分类、行为识别等，AI 都已达到甚至超越了人类的水平（见图 2.1）。

透明性，可解释性，因果性，安全，隐私，伦理

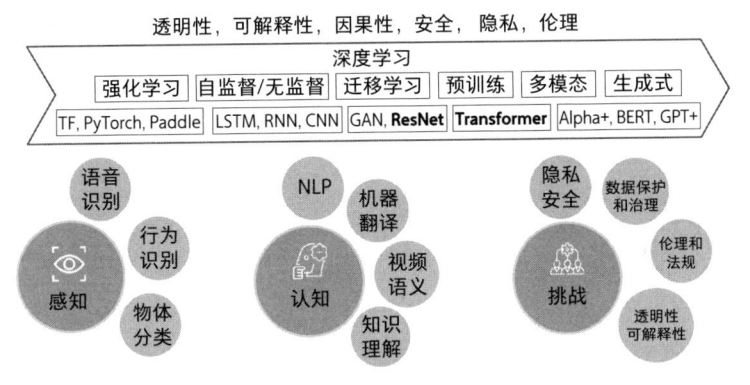

深度学习

强化学习 自监督/无监督 迁移学习 预训练 多模态 生成式

TF, PyTorch, Paddle | LSTM, RNN, CNN | GAN, ResNet | Transformer | Alpha+, BERT, GPT+

语音识别 行为识别 感知 物体分类

NLP 机器翻译 视频语义 认知 知识理解

隐私安全 数据保护和治理 伦理和法规 挑战 透明性可解释性

图 2.1　人工智能的技术、任务与挑战

但我们应该看到，一方面，以现有算法训练出的 AI 在需要复杂推演能力和联想能力的任务场景中的表现还暂时达不到人类的水平。比如说，我们已经教会了 AI 分辨出猫和狗，或是标记、区分每个人的面容特征，但研究者很难像教小孩子那样，让 AI 轻松理解为什么可以由猫联想到灵巧、由狗联想到忠诚、由雄狮联想到威严。

另一方面，现有算法的安全性和可解释性还有待提升。随着

AI表现出的能力越来越强大，业内有关深度学习算法黑箱性的讨论也愈演愈烈。由于是通过多层、复杂的神经网络进行训练，当神经网络叠加到一定的量级时，每一层网络分别能起到什么样的作用、带来哪些性能的变化，特别是涌现现象何以发生，成为很难解释的问题。过程不可知往往意味着结果不可控，这自然会降低人类对AI算法的信任程度。也就是说，即便技术发展迅速，在算法的透明性、可解释性、因果性、安全、隐私与伦理等方面，AI算法也面临许多挑战。

除了算法，算力也逐渐成为制约AI技术进化的关键问题。算力是供给AI释放出自身威力的能源，其地位就好比石油、天然气之于工厂。与AI技术的迅猛发展同步，其对算力能源的需求亦呈现出几何级的增长态势。早在2018年5月，OpenAI便发布了一份名为《AI与计算》（*AI and Compute*）的分析报告，该报告成为后来计算产业与AI发展相关研究的重要参考文件。该报告称，从2012年深度学习算法大放异彩开始，AI训练任务所需的算力平均每三四个月便会翻倍。这一数字显然大大超出了摩尔定律规范的处理器性能翻倍增长的周期（18个月），这就意味着，对AI算力的供给远远无法满足其需求。该报告还指出，2012—2018年的6年间，全球AI算力需求增长了30万倍以上，此后还将持续迅猛增长。

面对可能很快达到百万倍（甚至更高）增长的AI算力需求，我们该如何填充算力供需之间存在的鸿沟？或许我们可以回归计算与通信领域的基础理论，着眼于那些制约算力发展速度的基本规则，来思考如何从源头突破算力对 AI 发展的桎梏。

在诸多计算与通信相关的定律中，有三则定律可以视作迄今为止计算与通信范式的根本——香农定律、冯·诺依曼架构和摩尔定律。

首先，香农定律指出了信源编码的极限是信源的熵值，推理出信道容量与编码速率的表达式，在此基础上引申出通信领域的三个极限：无损压缩极限、信道传输极限、有损压缩极限。香农极限规定了人类目前的网络能力能实现的最大通信速度。

其次，冯·诺依曼架构规范了现代计算机的基础结构和运行逻辑。在这一架构下，计算机由五个基本部分组成，具有程序存储、共享数据、顺序执行的特点。然而，遵循此架构设计出的计算机也存在着运算器和存储器之间通信延迟等问题，从而导致速度瓶颈的出现，这对深度学习的进一步发展构成了一定的限制。也就是说，我们需要新的计算体系和通信架构，突破冯·诺依曼架构的限制。深度学习需要的基于海量数据的 Tensor Products（张量积）、稀疏矩阵、布尔代数等要素在传统的冯·诺依曼架构下不易实现，异构计算、GPU（图形处理器）、FPGA（现场可编程门阵列）、AI ASIC（专用集成电路）等技术加速并彻底形成新架构成为大势所趋。在新架构诞生后，更多新算法、新模型、新型芯片将随之衍生，这将是一个非常大的机会。

最后，摩尔定律也是限制之一。在半导体工艺走向极致化的今天，芯片晶体管数目的增长曲线已越来越平缓，摩尔定律正逐步走向终结。与此同时，用于AI训练的算力需求却在爆发式增长。尽管通过制程工艺的进步、架构的改进、电路设计的优化等方式，GPU的性能每年都可以翻倍提升，但很显然，算力提升的速度依旧赶不上AI成长所需的增速。随着时间的推移，算力水平与智能科技发展之间的矛盾将会变得越发突出。

再来看看数据这个要素。数据是AI算法进步的养料，也是让AI更好地服务于现实产业的原料。每分每秒，人类的生产、生活都在产生更多的数据，而吸收、理解这些数据的AI也会变得越发强大，之后再将变强的能力回馈给人类社会。这样的正循环本应是打开未来之门的关键，但问题是，为AI供给养分的数据也面临越来越多的瓶颈。

新数据每分每秒都在产生，永不停歇，但在物理世界中，存放数据的硬件空间是有限的。如何有效解决数据的存储、调用乃至容灾保管等问题，也在某种程度上影响着AI的发展。

与此同时，研究者还要面对如何正确收集数据、找到有用数据，进而以具有针对性的AI技术解放特定行业生产力的问题。比如说，在探索以AI解决各种农牧业问题的过程中，就经常会发现相关领域此前从未进行过有意识、成系统的数据收集。究其原因，大量行业的信息化水平本就有限，数据留存的基础极其薄弱，而恰恰是这些行业的智能化升级需求最迫切，部署实施后的升级效果也最显著。

另外，一些数字化部署较早、数字化程度较深的行业，可能已积累了海量的数据，但数据与数据之间往往缺少关联，对数据进行逻辑化精炼也相当困难，或者说存留的数据大部分是非结构性数据。这些数据对AI训练的帮助不大，更难用于校对训练结果的正误。

客观地说，时至今日，我们已无限逼近传统计算与通信理论所规划的极限。想要突破AI发展的瓶颈，一方面必须对基础的存、算、网架构进行升级，寻求突破；另一方面也应在新的计算范式、新的计算架构、专用芯片研发等方面投入更多的资源，付出更多的努力。

ChatGPT 现象

ChatGPT 是人类第一个通过图灵测试的智能体

1981 年 8 月 12 日，IBM 公司推出了世界第一台采用了开放性架构的个人计算机 PC 5150。1982 年 12 月，这款 PC 登上了《时代》周刊的封面，并被评选为"年度人物"。约 40 年后，2022 年 11 月 30 日，OpenAI 正式发布了有史以来用户增长最快的消费级 AI 应用程序 ChatGPT。2023 年 2 月，ChatGPT 也以"年度风云人物"的身份，出现在《时代》周刊的封面上。对此，我的感觉是，在 AI 发展历程中，一座新的丰碑出现了。

作为 AI 大模型强大能力的一种载体，ChatGPT 可以说是将复杂技术简化为无门槛产品，进而为大众所广泛接受的标杆之作。大模型的研发与迭代已有好几年，2020 年 GPT-3 的诞生首度引发了全球级的破圈关注。尽管该模型被更多地提供给专业人士使用，但科技界内外确实也因这款明星产品而备受震撼。

2022年的岁末时分，ChatGPT一出场，就已经是一款能力较GPT-3更全面与强大的AI应用。ChatGPT在GPT-3.5的基础上经过了特别的优化与微调，更适合与人类进行自然语言对话。ChatGPT一经推出，我就注册了账号，简单体验了一番。我的第一感觉是这个机器人做得太好了，虽然也会屡屡出现幻觉（Hallucination）等问题，但很明显，ChatGPT的语言能力极其出色。今天，这款AI应用的背后已是GPT-4o、OpenAI，与最初的版本相比，又有了明显的进步。

事实上，从GPT-3到GPT-3.5，中间经历了约两年的"漫长"时间，算法本身自然有很多改进。例如，InstructGPT（人工智能语言模型）和利用人类反馈来强化学习，都在很大程度上让AI得以更好地判断用户意图，进而给出更准确的答案。

但对我来说，ChatGPT带来的更大震撼是，它竟如此受欢迎——它在诞生两个月后，就成为历史上最快突破1亿用户的科技应用，简直像是科技界的泰勒·斯威夫特。在ChatGPT面世前的两年，生成式AI可谓进展最快的技术，比如在AI做图的赛道，就有DALL-E（美国图像生成系统）、Midjourney、Stable Diffusion（两者均为AI绘画工具）等"种子选手"在你追我赶。AIR团队也在研究生成式AI技术，例如，自动驾驶的仿真模拟就需要用到这一技术。总体来说，这个领域发展迅速，但似乎还谈不上技质变与体验跃升。

然而，ChatGPT 确实是一次质变与跃升，是 AI 概念诞生至今六十余年的一座里程碑。事实上，若是以麻省理工学院（MIT）的计算机科学家约瑟夫·维森鲍姆于 1966 年开发的聊天机器人程序 Eliza（伊丽莎）为开端，计算机科学家对于人机对话的探索已进行半个多世纪。总体而言，进步很大，但一直未能出现实质性的飞跃。在 ChatGPT 发布前，聊天机器人主要应用于聊天、客服等垂直领域，整体感觉更像是简单的工具或无聊时的玩具，常常答非所问，被用户戏称为"人工智障"，这类聊天机器人前辈想要通过图灵测试，显然难如登天。ChatGPT 则是第一个可以通过图灵测试的智能体，我在它的身上看到了通用人工智能的雏形。

2016 年，AlphaGo 在围棋领域表现出的统治力首次将 AI 的可怕潜能展示于世人面前。当时，无论是人脸识别技术还是语音识别与合成技术都已相当成熟，但能够将 AI 的诸多能力整合到一个应用、一个界面的明星产品暂未出现，因此许多人对 AI 的印象依然比较刻板，觉得 AI 能做的事情不多。自动驾驶给人的感觉非常酷，但它是牵一发而动全身的火种般的项目，因而其实用化推进始终比较慢，直到今天也未变成为亿万国民所普遍认可的主流新业态。对于那时就已经开始集成 AI 成果的应用率较高的搜索，用户的体会也并不深刻。

总之，在 2016 年那个时间节点，大多数普通人感受不到 AI

给生活带来了什么改变。直到 6 年后，ChatGPT 横空出世，尝鲜者惊喜地发现，可以直接与 AI 展开有价值的对话了。屏幕对面回应你问题的那个家伙就像一个万事通，什么都知道。通常情况下，它不会像那些自诩智能的前辈那样，给出与提问意图南辕北辙的回答，更不会自作聪明地绕开问题、生硬地将话题转向不相干的方向……虽然 ChatGPT 偶尔也会发神经、说胡话，有时还说废话和囫囵话，但人不也会这样吗？而且，它在很多方面做得比普通人要好，比如，能写出顺畅的文案，语法挑不出毛病，还能帮助用户写程序、规划任务，等等。其表现足以证明，在认知层面，AI 的性能实现了空前的提升，甚至让人看到了通用人工智能的影子。

全世界的计算机科研工作者都在探索，哪条技术路线通往真正的通用人工智能。GPT-3 的诞生，让不少人意识到，大数据和超大模型可能是一个正确的方向；而后继者 ChatGPT 和 GPT-4 的不俗表现，让大家对这条路线的信心更加坚定。规模效应极其重要，特别是上下文学习/情境学习（In-context Learning）等学习方式，使模型能够越来越快地适应新的任务。当用于训练 AI 的数据规模不大时，效果还不明显；但规模达到一定程度后，就可能产生一些超出设计者预期的现象或能力，涌现得以发生——就像一堆沙子里突然有一座沙堡拔地而起。

前文提到的梅特卡夫定律，同样适用于大模型的规模效应。顺便一提，罗伯特·梅特卡夫先生于 2022 年获得了图灵奖。获奖原因是他对以太网的发明、标准化、商业化乃至对整个互联网的贡献。

生成式 AI 是大模型时代的操作系统

在我看来，GPT 系列可以看作一个由大模型组成的 AI 操作系统。它与 PC 平台的 Windows、MacOS、Linux，以及移动平台的 iOS、Android 具有相似的意义。

一个新的操作系统意味着什么？它意味着下层的硬件、上层的应用都将被重新构建、塑造，进而形成全新的生态系统。如果 PC 互联网的生态价值是 1X，移动互联网的生态价值至少是 10X，那么 AI 的生态价值或许在 100X 以上。

PC 时代的统治者是"Wintel 联盟"，即以英特尔 x86 处理器为核心的硬件生态，搭配以微软 Windows 操作系统为核心的软件及服务生态。

到了移动时代，从智能手机、平板电脑到 VR（虚拟现实）装备、AR（增强现实）装备、智能腕表，绝大多数硬件都以 ARM 架构（一种基于精简指令集计算机的处理器架构）的处理器为核心；操作系统则以 iOS 和 Android 两大阵营为主。这一阶段还出现了影响力堪与操作系统相媲美的"超级应用"，如微信、抖音等。

大模型时代又会怎样？我们看到并行计算能力超强、更适宜处理计算密集型任务的 GPU 的重要性凸显。同时，神经网络处理器（Neural-network Processing Unit，NPU）、现场可编程门阵列、专用集成电路推动着计算硬件系统的进化；操作系统则可以是 AI 大模型本身，称为 GPT-x 或基础模型（Foundation Model，FM）。

在 AI 能力尚未发展到今天这一阶段时，便已出现了很多算法、模型、框架等。现在有了基础模型，全世界的企业和开发者都可以基于此做各种各样的应用开发：大模型之上还可以有小模型和不同的插件，整合现有的 App，发展新的功能，吸引新的用户。当前，微软公司在这方面就表现出色，从 Azure 到 Windows，从 Microsoft 365 到 Bing 搜索引擎，微软已将 AI 大模型的能力灌注至其全线产品中。

就像是科技版的"魔戒"，当 ChatGPT 及其后继者被越来越多的用户使用，待它们真正融入人们工作与生活的方方面面时，无论是日活跃用户、月活跃用户、用户使用时长，还是留存率、用户交互度，都将全面超越手机和 PC 等硬件、社交工具和热门游戏等软件。届时 AI 将成为每个人与每一台机器交互的界面，而用户不再需要对处理器、算力、存储给予过度的、不必要的关心，他们更在意的将是模型能够提供什么样的功能。对于许多从事云计算服务的公司来说，这也是重塑云的时刻。

大模型时代：变革与超越

ChatGPT 时代的行业结构与成长机遇

以 GPT 系列为代表的大模型正在重塑 IT 行业的结构。

如图 2.2 所示，新结构的底层仍旧是云，可能配备了数以万计的 GPU 或 XPU（极限处理器），它们构成了算力基石。往上一层是经典的 IaaS 层（Infrastructure as a Service，基础设施即服务，包括了计算、存储、网络、数据、安全等）。再往上是基础模型层（Foundational Mode），又称 MaaS 层（Model as a Service，模型即服务）。在此之上有许多 VFM（Vertical Foundational Model，垂直基础模型），比如，用于自动驾驶、蛋白质解析、智能教育、具身智能的，难以计数。而且，这些垂直基础模型并非相互孤立、彼此隔绝，而是可以相互结合、形成对用户价值更高的应用——SaaS（Software as a Service，软件即服务）。

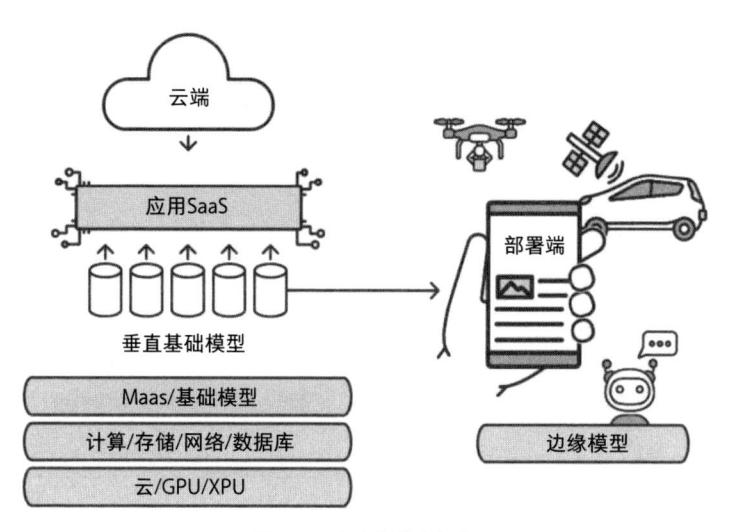

图 2.2　未来的技术架构

在这样的结构下，对于 AI 大模型时代的竞争者而言，似乎每一层都意味着崛起的机遇。理论上当然是这样，然而对那些资源不充分和实力不够强的企业来说，无论是在算力层、基础设施层还是在基础模型层，获得成功的概率都不太高——因为有门槛，并且难跨越。事实上，大多数创新风口应该会出现在垂直基础模型层及其上的 SaaS 层。

不仅如此，要想在部署端（智能手机、PC、物联设备、智能汽车和机器人等）加入 AI 的能力，就需要为边缘定制模型，在这方面有很多工作待完成。况且，具体到部署端，模型并不是越大越好，而是越小越快越好。比如，当我们把大模型的能力迁移到无人驾驶的汽车里，首先要解决的问题是可靠与精确——让 AI 能够在最短的时间内对交通状况做出最佳的判断，延时越短，效果就越好，而不是赋予驾车的 AI 以写诗作曲、生成影像的功能。

我的判断是，在大模型时代，边缘的机会非常大，也非常多。所以，我们有不少正在推进中的边缘计算、边缘模型、模型交互、联邦学习与小模型的项目。

一些国外公司正在瞄准 AI 操作系统的机遇发力攻关，百度、阿里巴巴、腾讯、字节跳动、华为等有底蕴、有远见的本土巨擘也在此领域布局。哪怕是初创公司，倘若能够获得百亿级的投资，也可以尝试探索一番，OpenAI 就是这么成长起来的。但我觉得，有想法的企业还是应该量力而行，不应该看到风口便往上扑，一窝蜂似的去做操作系统层。就像在移动互联网时代，iOS 和 Android 固然发展得很好，但显然应用层催生了更多的超级玩家，如今日头条和 TikTok、微信和淘宝。大模型时代也是如此。

在大模型时代，操作系统一家独大的可能性不大。因 AI 而生的 App 可以接入不同的系统，结合不同的基础大模型。所以，与其临渊羡鱼，不如多观察、多思考模型和模型之间的互动，以及怎样更好地跨模型工作，怎样在模型里收集知识，进而将其转化为自身的产品优势。

一个积极的变化是，以往开发任何应用都需要大规模的数据，现在依托预训练模型，数据的调用已不成问题，因而每个企业只需要结合自己的专有数据做精调训练（Fine Tuning）和提示工程

（Prompt Engineering），就能以比过去更少的投入获得更好的反馈与更高的回报。

总之，新时代的信息技术从业者可能会发现，有更多有趣的工作等着自己去完成。一切的改变始于 ChatGPT。它的成功加速了整个行业生态的转变，带来了新范式的启示。它的影响才刚刚开始。

后 ChatGPT 时代，中国人工智能产业的机遇

像 GPT 系列这样的大模型技术将持续向前演进，与其技术原理相近的平台、系统预计也将不断出现，在经历了投资者评估与市场考验之后，大浪淘沙，余下少数几家由幸存者升格为统治者。由于地域的区别、政策的限定，中国也会有自己的大模型及杀手级应用，它们会逐步成长为新的操作系统。这样的演变与云计算从萌芽到壮大的过程如出一辙。

经常使用 ChatGPT 的国内用户会发现，它的中文交互表现相当出色，这一点十分有趣。Transformer 模型起初被设计用来解决序列到序列的任务，如机器翻译，训练它的时候就使用了各种不同的语言。其后，Transformer 模型在语言映射之间找到了结构，学会了语法和语义。这说明，用于训练模型的语言语种越多，其效果可能就越好。因此做中文大模型时，最好别让训练原料局限

于中文，加入更多的语种很有必要。

据 2023 年 6 月国际数据公司（IDC）发布的报告，全球每一年产生的数据量大约是上一年的 1.26 倍，增长速度超出了摩尔定律。其中大部分数据可能由非中文语种产生，但我认为，这对于训练中文大模型来说，现在乃至以后都不算是限制。原因有两个方面：一是我们可以用英文及其他语种的数据来训练中文大模型；二是用于训练大模型的数据远不只文本，还包括视频、语音等多模态数据。不久，不只是源自信息世界的数据，物理世界（自动驾驶车辆、机器人、边缘设备、各种工业设施等），生物世界（基因组学、细胞组学、人类的大脑器官等）的各种数据都可以转变为 Token（词元），供 AI 持续学习。甚至某天，研究人员将各种气息、味道、触感进行数据化后喂给 AI，强化其能力。

想象一个线下社交场合，人和人之间交换信息的方式固然以对话为主，但视、听、嗅、味、触五感产生的信息量或许更大。另外，现在绝大部分被纳入统计的数据是由人类和各种机器、传感器产生的数据，这些只是浮在海面上的冰山一角，物理世界中还有更多数据暂时处于海面以下。比如，每位驾驶员、每辆车每天产生的数据都是 TB 级别的，生物世界的数据量级只会更高。也就是说，数据量绝不会成为训练中文大模型的瓶颈。

比获取数据更重要的是怎样用好数据。ChatGPT 的表现如此优异，有一个重要原因是研发团队对边际工作给予了高度重视，如数据清洗、半监督学习等。团队不仅在技术层面及时调试、优化，还雇用了很多人对数据做各种标注，再加上纳入了人类反馈的强化学习——相当于我们与 ChatGPT 的每轮对话都能让它变得更聪明。所以，除了保障用于模型训练的算力、数据和算法，边际环节也很重要。

今天，在围绕 AI 展开的新一轮科技长跑的进程中，中国科技界与"世界顶尖"之间的差距可能更多地体现在高端计算芯片、算法系统和一些大的平台级技术方面。但我觉得，国内的科研人员、创业者和工程师，一旦集中资源、保持耐心、认真做事，就有机会追赶上别人。

值得注意的还包括，在生成式 AI 刚刚在产业内外引发极大关注的阶段，美国很快便出现了针对大众用户的实用化产品，如 DALL-E、Midjourney、Cursor、Pika、Suno AI 等垂直类应用，这些应用从上线到获客、实现营收的路径都很短。

中国目前有很多聚焦生成式 AI 机遇的新创公司，而且风险投资行业、高科技企业也在紧密关注着新的风向。这一领域的大多数创新遵循两种模式，一是做横向的基础模型，二是做行业的垂直模型。到目前为止，更多的机会应该是在垂直领域，如边缘智能体、医疗等。对此，我的想法是，无论今后有多少机构和个人能够在这轮创新风暴中把握成长契机，进而成为新时代的弄潮儿，当下对生成式 AI 的探索一定会让每个人都倍感兴奋——毕竟，未知之门就在前方，每一天都是崭新的。

最后，有了 ChatGPT 的灯塔效应，国内许多公司纷纷投身于生成式 AI 的角逐就不足为奇了。"百模大战"早已开启，仅就我所知，便有几十家公司在做大模型。这谈不上是好还是坏，我认为，不管是行业巨擘还是初创企业，只要能够充分地、公平地竞争，便可创造出活力十足的市场。同时，能够坦然投身于竞争的公司才是好的公司。

大模型时代刚刚揭幕。42 千米的马拉松比赛，而今可能才跑到 5 千米路标处。中国在 PC 互联时代落后于世界，在移动互联时代实现了特定领域（数字支付、短视频等）领先于世界。到了 AI 互联时代，我们理应给予创业者、科研人员乃至企业更多的信心、更多的时间，毕竟，这场博弈恐怕将旷日持久。

第 3 章

科学智能,慧及未来

智能＋X：人工智能如何与产业应用深度耦合

与应用结合是技术探索的锚点之一，在产业应用中证实自身价值是评判技术能力的关键标准——深度学习之所以能够掀起又一轮 AI 创新的热潮，核心原因恰恰在于技术投射至应用层后被迅速且顺畅地变现。尽管深度学习依旧在技术和学理等层面存在不足，但它在一系列数据集测试中压倒性的表现，还是让各界不得不承认其具有广阔的价值空间。

随着深度学习走向兴盛，一大批技术成果被相关产业快速吸纳，小到每天解锁手机时使用的人脸识别，大到以 AI 技术赋能工业智能化发展、打造可实现城市精细化管理的城市大脑。AI 技术构建或加持的应用可谓蔚为大观，已融入我们工作和生活的点滴细节。

但是，这还远远不够。我们只是刚刚触碰到因 AI 新科技结合数字化 3.0 而衍生出的产业应用想象空间的一隅而已。

以 AI 为钥，我们开启了第四次工业革命的大门。随着时间的推移，我们看到越来越多的技术演进趋势和产业跃升可能。从一隅到全局，将一个个创新节点联结成网，我们会见证 AI 新物种的不断涌现，与此同时，人类也很可能会在 AI 的辅佐下进化到与历代前人都不同的全新层次。

深度学习算法和 AI 技术正在由浅入深地改变着物理世界和数字世界。根据埃森哲于 2017 年发布的人工智能报告，到 2035 年，AI 技术将推动中国劳动生产率提高 27%，经济总增加值提升约 7.1 万亿美元。不久，从每个人的生存状态到整个世界都会变得更加智能，凡是有责任感的科技工作者都不会错过这样的历史性机遇。

AI 如何与产业应用深度耦合？大体来看，AI 至少可以从两个方面创造价值。一是创造出新的行业、新的职业、新的岗位，比如近年来已然成真的 AI 训练师、AI 架构师，抑或是自动驾驶产业、AI + 药品开发产业等。这些行业、岗位乃至相关产业链在某种意义上都来自被 AI 激活并刷新的未来产业。二是将 AI 作为赋能型技术，用以升级固有的信息技术基础设施，进而改造、优化各个行业的生产关系。

在提及 AI 赋能产业时，我们往往会联想到"提质增效"等关键词。这些关键词既展现了 AI 技术的产业价值，也透露出产业应用对于 AI 技术的期待。很快，AI 有能力改变或塑造的应用场景将比比皆是、不计其数。例如，在仓储场景中，AI 可以根据库存状况、货物位置与人员配置状况来优化仓储布局，从而大幅减少仓储工作人员的日均行走步数；在工业质检场景中，AI 可以替代传统的人工识别模式，自动且精准地检测工业产品的缺陷，这不仅能将质检工作人员从高强度的重复劳动中解放出来，还能带来比人工质检更高的准确率。

在思考未来的科研方向时，我采用了从桑纳福实验室的老领导柯蒂斯·雷蒙德·卡尔森那里学到的 NABC 价值主张。

- N（Needs，需求）：我们的研究能否填补行业或市场的巨大空白？
- A（Approach，方法）：我们的研究能否以独特且合理的方式满足客户或合作伙伴的需求，并创造出有竞争力的发展模式？
- B（Benefits relative to costs，成本与效益）：我们的研究能否为客户或合作伙伴提供清晰、领先的价值？
- C（Competition，竞赛）：我们的研究成果能否比同类机构的成果更具吸引力？

依据这样的价值主张，首先，我们的科研方向必须使技术能够为企业、行业、社会带来真正的帮助，帮助他人、帮助更多人，这应是一切技术的起点与终点；其次，我们应尽量选择具备重大产业变革意义的方向，集中产学资源深耕于此。最后，选择领军者自身擅长的方向，将多年所学、所专、所业、所精与时代潮流相结合。

  一言以蔽之，未来的发展方向将是智能 + X（AI + X），即把日渐强大的 AI 能力投射到千行百业。"X"不是某个被收购并更名的社交平台，而是无限可能的产业、无限产业的可能。除此之外，我相信，AI 还将大大加速各经典学科的新发现，尤其是生物、化学、环境和材料等科研领域，数字化与实验自动化的进程正飞速推进。一场名为"科学智能"（AI for Science）的变革已悄然拉开了帷幕。

人工智能+新科学：开启"科学智能"时代

科学智能的新机遇

科学意味着系统性地构建与组织知识，且将之运用于理解我们所处的宇宙；而"新科学"之"新"，关键在于模型。

各个科学领域的知识体系即将被刷新，原有的体系内将会涌现出 AI 模型这一崭新的知识形式。与人类科研工作者相比，AI 尤为擅长理解高维度的数据，即具有大量特征或变量的数据集，能够轻松地从海量数据中探寻出结构、规律、模式、关系。那些对人类而言极为艰巨、即便耗时良久也未必能找到答案的任务（例如，从大量蛋白质序列与结构的数据中提炼出氨基酸序列折叠的内在法则，进而精确预测出蛋白质结构），对 AI 而言却没有那么难。有鉴于此，在新的科学智能时代，科学知识或许会由人类能理解的知识及 AI 模型两部分共同构成。

AI对科学研究的作用很可能会出现从工具到基石的改变。以往在科研过程中，AI通常被用于高性能计算或是数据分析；但随着AI的进化迭代，其在科学领域的地位必然会逐级提升，例如基于AI独特的存在形式来探索科学问题，甚至借助其特有的能力来发现前辈科学家从未涉足的"无人区"。

众多AI技术正在科学领域大展拳脚，如生成式AI、超大模型、多模态预训练（Multimodal Pre-trained）、干湿闭环（Dry-lab and Wet-lab Loop）、自主学习（Autonomous AI），等等，这些技术在加速科学发现方面发挥着关键作用，同时也在潜移默化地改变着科学研究的方式与进程。

更具体地说，科学智能的新机遇涵盖了多层次、多方面。例如，在技术层面，大语言模型与生成式AI可轻松处理自然语言并挖掘、整合知识，基础模型能融合多模型结构，实现多智能体协作并发挥预训练优势；在实验协同层面，湿实验室与干实验室结合，可优化实验设计并实时反馈调整；在人机交互层面，人与AI的互动可为科学家提供辅助决策和知识共享学习；在实验手段层面，实验室自动化与机器人技术可提升实验效率及精度；在探索发现层面，自主AI可用于探索未知前沿、用于发现新规律；在教育研究产业层面，大学教育与研究新时代的开启，有助于新型人才的培养、新兴产业的萌生。

生成式AI的用途绝不止于内容创作领域。的确，它可以生成文案、图片、视频，甚至是广告和短剧，可以为创作者提供更便捷的创意变现途径。但现今，越来越多的科学家开始探索如何将生成式 AI 及其背后的 GPT 大模型应用于分子生成，以催生出新型药物。也就是说，AI 不仅具备颠覆互联网内容生产模式及相关生产力的潜力，还有可能在生物医药及其他科学领域发动一场改天换地般的变革。

纵观 GPT 在科学领域的发展态势，目前主要有两种模型，一是通过自然语言训练的领域内模型，二是通过生物数据训练的科学模型。我的判断是，未来，这两种模型将深度融合，形成更强大的生成式模型。

插件技术和工具极大地提高了 GPT 在实际应用中的能力。一些研究人员已在尝试将化学领域的工具设备作为插件引入 GPT，使该模型能够综合调用搜索引擎、代码执行、文献检索、自动化实验等工具，以更好地完成科研任务。AI 自主学习已成现实，再往前进一步，或许便是 AI 的自主研究。

当研究者将自动化实验室和 AI 模型相结合，就能够实现干湿闭环。首先，由"干实验室"发起一个实验请求，再交由模型处理。随后，模型将处理结果反馈给自动化实验室，以执行相应的"湿实验"。在实验过程中，自动化实验室会持续将实验数据反馈给 AI 模型，以助力模型进行优化和迭代。通过这种干湿闭环的方式，AI 模型将可以更高效地开展科学研究，也能更精确地预测和改进实验结果。

AI模型还可以与药学家进行交互式药物生成。在新模式下,药学家可以根据自身专业知识对AI模型的生成效果进行评判,并适时提供相关指导与建议。这种基于药学家专业知识的AI模型生成方式称为"专家参与的循环"(Expert in the Loop)。通过这种方式,药学家的专业知识得以和AI模型的超强学习能力深度融合,进而实现高效能、低费用的药物研发与生成。

在干湿闭环和专家可控药物生成之间,还需要一个药物基础大模型来持续积累数据和知识。这个大模型基于现有数据集、知识库进行训练和优化,能实现更准确、更快捷的药物生成和研究。可以预见,当干湿闭环、专家可控药物生成、药物基础大模型三者被结合运用,AI在医学科学方面的能力将得到空前的强化,而这又会反过来为药物研发创造更多的机遇与可能性。

生物医药领域以往通过湿实验已积累大量极具价值的知识和数据,其中很多都可以被合规获取并使用,如蛋白质序列目前拥有超过22亿条数据,可购买的具备成药性的小分子则约有2.3亿。这些海量、公开的分子序列数据完全可以利用大模型来学习其语义表征,我们再将之用于药物研发任务。此外,我们还有过去数百年来无数生物学家积累的海量文献和知识图谱数据,它们都能够单独训练出一个庞大的知识表征模型,而且这些不同模态的数据里的分子信息又都相互关联,如果能将所有的信息统一压缩在一个大模型里，就能惠及未来所有的生物医药下游任务。正如 ChatGPT 是处理人类自然语言的大模型，我们也可以构建原子级分子语言、蛋白质语言基础模型，帮助研究者更好地理解物质与生命的底层逻辑。

生物、化学、材料等领域，AI 创新进行时

蛋白质工程与抗体设计：在早期对自然语言处理课题的推究过程中，语言学家先是设计了诸多规则来建模语言，随后又引入了统计学的方法来优化软件，直至当下的生成式 AI 出现，才终于在自然语言处理方面达到了人类的能力层级。有趣的是，如果我们将蛋白质序列视作一种语言，就可以把蛋白质工程和自然语言处理进行比对。也就是说，以往很多基于规则的蛋白质理解或抗体设计方法都存在被 AI 模型增强甚至取代的可能性（见图 3.1）。

小分子药物与酶设计：小分子药物种类繁多，传统的高通量虚拟筛选通常成本昂贵且耗时耗力。例如，要进行百亿规模的虚拟筛选，或许需要耗费 3 000 年的时间和逾 80 万美元的成本。然而，运用 AI 模型便极有希望大幅加速虚拟筛选的进程，所消耗的时间可能从年缩短至秒，这样的应用前景不能不让人振奋。

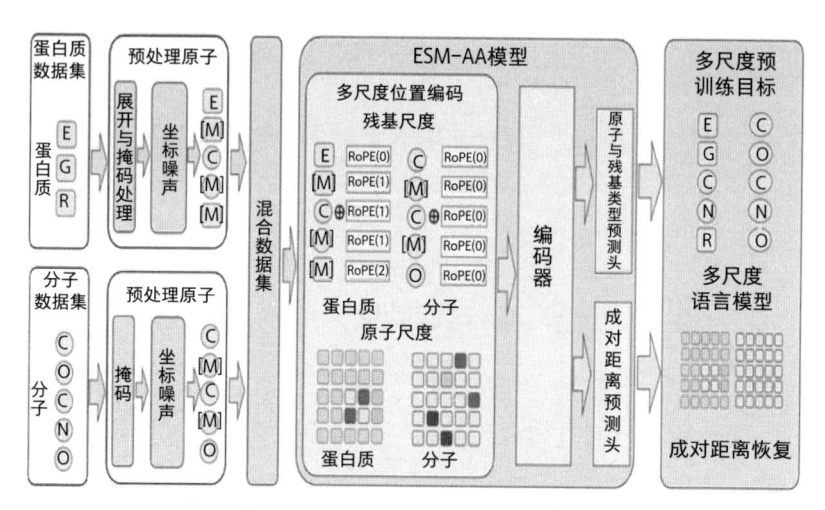

图 3.1 "ESM－AA"多尺度预训练模型的架构示意图

  药物设计与酶设计是两个重大的课题。前者是给定蛋白质，寻找能够作用于其上的小分子；后者则是给定小分子，寻找能够催化其反应的蛋白质。将这两个课题结合起来思考就能获得很多启示。当然，AI 设计小分子也面临不小的挑战，举例来说，生成的分子不能与靶点之外的蛋白质相互作用，否则会导致包括副作用在内的不良影响。而且，由 AI 设计的小分子往往难以合成，因为这些分子的结构复杂多样，需要经过很多的步骤才能成功合成，但这些问题既是启用 AI 前便可预料到的，又是肯定会被逐步优化与解决的。

  新材料设计：随着柔性显示等技术的不断发展，有机半导体材料得到了越来越多的关注。其良好的成膜性质及可借助溶液加工等特点使器件的制备相较于传统的无机材料更简便，成本也更低廉，在柔性显示、传感器和可穿戴设备等多个领域具有相当广阔的应用前景。

有机发光分子的空间结构庞大，其设计往往需要综合多种因素加以考量。传统的设计方法大多依赖科研人员的经验和知识，因而很难覆盖整个设计空间。因此，利用AI进行有机发光分子的设计具有极为庞大的潜力。

今后，生物学、化学、材料科学、环境、农业等众多领域，都将实现由AI驱动的科学发现和技术创新。也就是说，科学智能势必会对亿万人的生活质量产生重大影响，还会深刻影响科学的未来。要想推进这一进程，首先需要政企学各界协力打造新的生态系统，而在这一过程中，五大支柱的构建至关重要。第一，开发和部署科学智能的开放平台与基础设施；第二，开展有关科学与AI深度融合的研究；第三，助力建设、完善全球学术网络和社区；第四，塑造世界领先的产业合作伙伴生态体系；第五，促进有利于产业发展与经济增长的孵化器及风险投资网络的快速成形。

总的来说，"AI＋新科学"是一个新颖且前沿的领域。人工智能与物质奥秘的对撞为全世界的科研工作者揭示出闪现于前方的无数曼妙可能。随着我们在这一领域跋涉渐深，我们对自然世界的理解也会更透彻、更深刻。借助AI的技术手段，科研人员能够处理规模更庞大、结构更复杂的数据，探索过去未能分辨的现象和规律，进而推动新的科学发现。

人工智能+生命科学的机遇与挑战

作为科学智能的子集之一，人工智能+生命科学的探索开展较早、应用较深，经历了系统性的发展与实践，因此有必要专门辟出一节来介绍这一新领域的发展状况和未来机遇。

基因测序、高通量生物实验、传感器……相关技术的发展在生命科学与生物医药领域掀起了一场变革风暴，加速了这一领域的数字化、自动化进程。健康计算（Health Computing）作为一种新型智能科学计算模式，是以 AI 和数据驱动为核心的第四研究范式。它将极大地助力人类对生命与健康问题的探究。

第 2 章粗略地介绍过深度学习算法的演变情况，大体上，算法革新令 AI 的能力突飞猛进，但在 AI 能力倍速进化的同时，也须确保技术可控。特别是当我们寄望于将 AI 变成助力生命科学与生物医药产业腾飞的翅膀时，我们就更要以如履薄冰的心态来对待每一项创新，毕竟，无论是患者的隐私保护，还是新药品、新医疗器械的安全性，都需要以严肃、审慎的态度来直面。

在可信 AI 计算方面，近年来也有了不小的进展。以联邦学习（Federated Learning）为例，联邦学习主要有三种模式：一是横向联邦学习（Horizontal Federated Learning），面向具备相同特征空间但样本不同的场景，能够保证相同模态不同源头的数据之间的隐私性；二是纵向联邦学习（Vertical Federated Learning），面向样本相同但特征不同的场景，能够保证多模态数据间的隐私性；三是联邦迁移学习（Federated Transfer Learning），面向样本和特征都有部分重合的场景，结合了差分隐私和同态加密，能够保证在跨领域数据共享与模型训练过程中的隐私性。

在确保安全可控的前提下，AI 正在推动生命科学与生物医药领域的连锁创新持续加速。眼下，AI 在蛋白质结构预测、CRISPR 基因编辑技术、抗体/TCR/个性化的疫苗研发、精准医疗、AI 辅助药物设计等多方面的研究业已成为国际前沿战略级研究热点。

正是基于这样的学科发展趋势和产业背景，当下业内普遍聚焦的研究方向包括：AI 增强个人健康管理与公共卫生、AI + 医疗与生命科学、AI 辅助药物研发、AI + 基因分析与编辑，等等。

想要更好地利用 AI 的能力、发现生命的奥秘，就需要构建出专注于生命科学课题的 AI 基础设施、数据平台与核心算法引擎，用以支撑生命科学前沿的研究任务。同时，也可通过打造旗舰级公开数据集、组织算法挑战竞赛、搭建智能 + 生命科学的众智平台等方式，加速培养跨界人才，壮大产业生态。

AlphaFold2是智能+生命科学的一个典型成功案例。过去这些年，科学家主要依靠冷冻电镜和高精度X射线来解析蛋白质结构，但自从AlphaFold2问世后，这一过程实现了指数级的加速，彻底改变了从氨基酸序列到三维结构再到功能的研究方式。

大体上，AlphaFold2的成功要素包括两个方面。一是任务的特殊性。蛋白质结构预测可以被看作从序列到三维结构的一一映射问题，因此它是所谓的"Well-defined"（清晰无歧义）的AI问题。AlphaFold2的任务选择对后继研究者的启示在于，要找到生命科学中意义重大但又能抽象为适合AI的研究任务。二是模型的优越性。在漫长周期内，一代代学者对生命科学的钻研积累了大规模的蛋白质结构数据；而AlphaFold2的模型架构充分利用了数据驱动的端到端深度学习模型。大数据与深度模型的结合恰恰是第四研究范式的突出特点。因此，另一个启示是，在尝试进行智能+生命科学的研究时，要注重跨界破壁与第四研究范式的重要性。

显然，AlphaFold2是一个好的开端，它的成功打开了一个新的模式。蛋白质结构的精准预测为生命科学的研究者提供了高效的计算工具，也为基于AI的重大新发现创造出可能。未来，抗体、抗原的表位预测和肿瘤的精准疗法以及TCR/个性化疫苗的设计与优化都将成为重要的研究热点，并将在AI驱动的新计算模式的作用下取得一系列突破，智能+生命科学的黄金时代已近在眼前。

可以预见的是，在探索未知的过程中，还将面对许多不期而遇的科学挑战，但这也意味着，研究者有机会发现或创造出更多新的计算范式，比如本章提到的干湿融合的闭环式计算框架。一方面，AI模型将通过高通量、多轮湿实验的闭环验证和数据填充变得更加智能；另一方面，通过主动学习和强化学习等方式，AI能够主动规划湿实验的自动化执行，从而形成干湿闭环验证、迭代加速生命科学发现与产业落地应用。

如今在智能+生命科学领域，我和同伴们初步确立了以大模型为底座、干湿闭环、知识+数据双驱动的智能新药研发范式，实现了智能新药研发大模型基础平台、核心技术与产业应用的落地突破。以下是AIR几个较为典型的例子。

- 团队研发的全球首个可商用多模态生物医药百亿参数大模型BioMedGPT-10B于2023年开源。同时，团队还联合开源了全球首个免费可商用、生物医药专用的Llama 2大语言模型BioMedGPT-LM-7B。
- 在虚拟药物筛选方面，团队发现了一种应用于高通量小分子虚拟筛选的靶点对工具——DrugCLIP，首次实现了单机每日筛选百万亿小分子的成就，筛选结果在多类靶点上通过了生物学实验验证。不仅如此，团队还将蛋白质结构预测的虚拟数据应用于 DrugCLIP，结果显示，此举同样能获得较大的性能提升。

- AI 抗体设计可以显著加速并优化抗体药物研发过程，提高设计精准度，降低研发成本。此前，团队利用自主研发的智能抗体设计平台 HelixonDesign，对现有 COVID-19（2019 新型冠状病毒）抗体展开了系统设计和优化。全新设计的抗体达到或超过了已上市的广谱中和抗体抗病毒效果。相关研究为智能抗体设计和新一代抗体药物研发提供了新的思路和范式，奠定了 AI 抗体设计的坚实理论和实践基础。另外，新抗体还是全球范围内首个由 AI 算法设计出的具有临床价值的广谱新冠中和抗体。

- 智能体医院（Agent Hospital）。2024 年 5 月，智慧医疗团队完成的论文《智能体医院：具有可进化医疗智能体的模拟医院》（*Agent Hospital: A Simulacrum of Hospital with Evolvable Medical Agents*）在国内外医学 AI 领域得到了广泛关注和讨论。就像是美剧《西部世界》中的场景，2024 年 11 月，世界第一个智能体医院上线，首批来自 21 个科室的 42 位 AI 医生正式亮相，定向邀请专业人士访问医院，对 AI 医生的疾病诊断能力进行内部测试。智能体医院在模拟现实医院设施与流程的基础上，建立了拟人度高、分布广、类型多样的AI患者，AI医生由此能够在虚拟的医院中，通过大量高频次诊疗实践，实现超常规的成长，最终达到甚至超过人类医师的医疗能力。

近年来，AI相关技术的进展和突破可以说是接踵而至，令人目不暇接。就像火种点燃导火索一样，比某一技术的单纯进步更加重要的是，牵动其他领域协同进步、次第爆发。生命科学正是被AI深刻影响的领域之一。

以新药研发为例，以前，研发一款新药的平均周期通常为10～15年，将一种药物推向市场的成本则高达25亿美元，简而言之，周期漫长，成本高企；而AI技术的引入，能够显著加速新药研发的某些阶段。根据波士顿咨询集团（BCG）的研究，AI可以将药物发现和前期临床阶段的时间缩短25%～50%，成效惊人，而且这还只是开始。

如今，不但物理世界在数字化，整个生物世界也在数字化。细胞、蛋白质乃至基因都可以用数字的方式来表达，数字化的优势之一是积累大量真实、准确的数据，由此，研究者可以用数字格式表达以往只能用模拟和实验等方法研究的细胞、蛋白质、基因，进而依托算法、算力，逐步"计算"出生命的奥秘。在这个过程中，AI 能够更好地助力数据处理和分析、模拟和预测、个性化医疗、自动化实验等工作。再具体看新药研发，从靶点发现到药物筛选再到临床试验设计，都是 AI 的强项所在。

事实上，基因科学与信息科学存在着某种堪称"玄妙"的关联。首先，两者都涉及复杂信息的存储、传递、处理与解码。与计算机采用 0 和 1 二进制系统来编码信息相似，DNA 使用 A（腺嘌呤）、T（胸腺嘧啶）、C（胞嘧啶）、G（鸟嘌呤）四种碱基来编码与传递生物信息。其次，基因表达的规则与自然语言也具有一些相似性，例如，基因表达的过程也存在着"句法结构"，特定 DNA 序列的功能取决于它在序列中的位置和上下文，基因表达中的一些"冗余"就类似于语言中的同义词和句法冗余，基因表达的调控方式就好比自然语言中的语气或句法结构变化等。最后，正如计算机是现实工作、生活、人际关系的数字副本与处理系统，基因可以说是生命科学的密码系统，而 AI 可以通过多种方式辅助人类破解密码，包括基因组分析、基因功能预测、生物系统建模、个性化医疗、基因编辑与合成生物学等等。

基于这样的认知，我们开展了 GeneBERT 项目。"Gene"即基因；"BERT"（Bidirectional Encoder Representations from Transformers）即基于双向 Transformer 的编码表示，专为理解自然语言的上下文信息而设计，是许多大语言模型构建的基础。项目名称直观地展示了团队创新的出发点——将基因与大模型两大交叉学科相结合，展开新的研究。

GeneBERT 团队开发了泛化性能优秀且可迁移的多模态深度预训练模型，将建模范围扩大至基因序列的功能性非编码区，在学术层面提供了分析非编码区基因突变的新范式，有助于新药开发与基础医学相关的病理研究，为基因测序机构、医药企业和医院带来了新算法、新靶点和优化的治疗方案。以这项工作为基础的论文后来被《自然》正刊采用。

就像 GeneBERT 案例所展现的，从事计算机科学特别是 AI 相关研究的人与从事生物学、生命科学研究的人处于完全不同的专业领域。在相当长的一段时间里，这些领域的研究者都很难找到共同语言，再具体到专业知识、学术体系、研究方式，就更可以说是差异巨大。但随着 AI 技术的发展，我们已然打通了这些原本泾渭分明的专业领域。

我称这种打通与相融为"破壁计划"。

今后，"破壁计划"很可能会延展到更多的专业领域。就像盾构机在隧道掘进过程中破除厚壁，AI 技术正在打通与其他专业领域之间的壁垒，通过结合与赋能，为其他产业带来巨变。

毫不夸张地说，生物世界正处于数字化、自动化和智能科学计算的新变革浪潮中。用计算的方法，即 AI 和数据驱动的第四研究范式来辅助人们探索并解决生命健康问题已成为一个重要的研究方向。今后，需要学术界和产业界共同推动生命科学、生物医药、基因工程、个人健康等各领域由孤立、开环向协同、闭环发展，如此方能实现更快速、更精准、更安全、更经济、更普惠的生命科学与生物医药创新，而这也意味着在下一个十年甚至更久的周期里，我们将面对无穷无尽的科学发展与产业创新机遇。

第 4 章
拥抱绿色计算与具身智能

智慧物联赋能绿色计算

为应对急剧的气候变化、频繁爆发的自然灾害，"碳中和"现已成为全世界每一个负责任的国家致力于达成的目标。中国也公布了碳中和时间表，力争于 2060 年前实现碳中和。

全球对碳中和目标的普遍认同意味着人类能源结构正迎来又一次变革，这既是可持续发展的必然之选，也为多个产业的转型升级创造了巨大的机遇。

因应国家提出的推动"绿色转型"和"高质量发展"的要求，传统的高耗能、高排放项目及其背后的企业迫切需要找到节能减排、提质增效的新出路。智慧物联（AIoT）或许能够帮助其更快蜕变，迎来新生。

如今，我们可以通过智能感知融合多元、多维的异构数据；利用 AI 的能力打造出优化的分析引擎，从而对数据进行深度解读，实现数据驱动、AI 辅助的智能决策；基于更及时、更精准的决策，全面优化企业在产业链中的资源配置。这种 AIoT 的"感知 – 决策 – 优化"还能循环迭代，不断赋能产业绿色升级，助力碳中和（见图 4.1）。

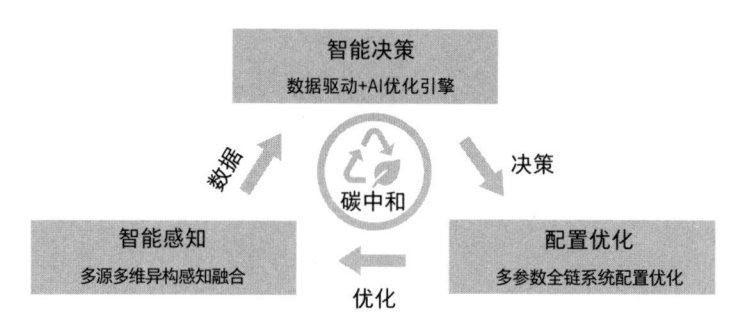

图 4.1　AIoT 赋能绿色计算，助力"碳中和"

绿色转型和高质量发展的四个关注方向

第一个方向是清洁能源和传统能源的融合。除了火电，主要是风电、水电、核电与光能、氢能等。从发电、输电、供电到储能、用能、节能，都存在很多需要改进之处。利用 AIoT 技术，我们可以实时、准确地监控碳排放与碳足迹，优化智能机组控制，感知并预测电网负载，智能调峰、均衡调度，检测和预警线缆故障。此外，我们还可以对用电系统进行节能优化。

第二个方向是 ICT 产业，包括智能计算中心、智能通信网络、新一代 AI 计算架构等，这些产业都堪称"能耗巨兽"。据预计，到 2035 年，全中国数据中心的耗电量将超过 4 500 亿度，5G 基站的耗电量也将超过 2 400 亿度。随着 AI 大模型吞噬的算力资源越来越庞大，用于模型训练的能耗与排放也必然越来越高。比如，通过神经架构搜索（Neural Architecture Search，NAS）训练 Transformer 大模型会排放高达 284 吨的二氧化碳。我曾和团队的科学家说，应该优先探索大规模数据中心，特别是用于 AI 算法大模型支持的基础设施的减排之道。如果能把类似设施的排放减少 10%，就算是了不起的阶段性成就。

为有效降低能耗与排放，对于智能计算中心，我们需要通过感知和优化进行更好的任务管理调度和制冷控制，及时预测、诊断出系统故障，并持续深化对以清洁能源为驱动的设计的研究。对于智能通信，我们也可以利用 AI 进行多基站、超大规模的 MIMO（多输入多输出）优化，实现通信感知一体化。推进边缘计算的研发和落地部署，开展系统级能耗管理与持续的方案迭代。在新一代 AI 计算架构方面，需要设计出超低功耗的专用芯片，打造高能效的模型训练系统和模型执行系统。

第三个方向是新型绿色产业，包括绿色城市、绿色楼宇及园区、绿色交通等。很多人不知道，城市、楼宇、园区及交通同样是排放大户，它们排放的温室气体规模相当惊人。

根据联合国发布的相关报告，在全球与能源和流程相关的营运碳的排放量中，建筑行业占比高达 37%，达到近 100 亿吨。由此计算，该行业的排放量每增长1%，就相当于多出1 000万辆汽车在地球赤道上绕行。同时，交通运输领域的排放量约占全球每年温室气体排放量的23%，内陆运输则占到该领域排放量的72%。

在绿色建筑与绿色交通等领域，AIoT不仅大有可为，更应为所当为。通过多源异构感知和数据融合，我们可以针对城市发生的特定事件进行监控预警，启动数据驱动的智能规划与城市资源调动优化，打造绿色城市。再聚焦楼宇和园区，AIoT可以助力智能运营管理，让每一部电梯、每一台空调、每一个插座都能在保持正常功用的同时将能耗降至最低。交通方面，AIoT能够赋能复杂交通系统的协调管控，对不同时段与路段的交通流量进行预测调度，实现高效的车路协同和车路信号网络一体的能源管理优化。

第四个方向是将制造转型为真正的"智造"。根据麦肯锡全球研究院发布的报告《下一个常态：中国制造业的未来》(*The Next Normal: The Future of Manufacturing*)，以及2019年微软与普华永道的一项联合研究，制造业应用AI后，能够显著提升能源使用效率、降低原材料损耗、降低总体维护成本；能够节约15%~30%的能耗，延长设备使用寿命，减少10%~25%的运输碳排放。这些立竿见影的改变将逐步遏制进而消弭制造业对环境的损害。

还有间接的改变，如在计算机辅助设计和制造（Computer Aided Design And Manufacturing，CADAM）的过程中深入融入AI

的能力。CADAM 是企业为提升从客户需求到产品转化的效率时所需解决的核心技术问题。眼下，包括计算机图形学、计算机视觉和机器人学在内的 AI 技术为 CADAM 这一传统领域带来了全新的可能。三维建模和仿真技术可以实现物理世界的数字化，生成设计与计算制造可以自动化地进行电子、结构及软件功能的优化设计，智能化加工与缺陷检测可以完成高效、柔性的生产，制造系统的规划与调度则可以更合理地对工人、设备、物料等进行分配与调度。

借助 AI 全面打通 CADAM 环节的产品将具备极高的柔性交付效率，这正是用户直连制造（Customer to Manufacturer，C2M）模式的供给侧基础。尽管在可预见的一段时间内，并非所有的产品生产过程都能被 AI+CADAM 提速，但只要有足够多的产品支持按需订货（Make to Order，MTO）的生产模式，就像是按下了连锁变革的按钮，C2M 模式将成为制造业争相竞逐的不可逆的趋势。

AIoT+ 绿色计算的两个研究方向

在我看来，政企学各界完全可以通过多方协同方式，共同打造一个深度融合了 AIoT 能力的绿色计算平台，利用端 – 边 – 云协同的、底层的高能效 AI 计算系统，支撑起上层的数据驱动的 AI 决策优化算法，如强化学习、多智能体协同等，进而赋能产业绿色化，建设更多的绿色智能计算中心、绿色园区、绿色工业园等。

有关 AIoT+ 绿色计算课题的探索，暂时或可着眼于两个方面的研究：一是高能效 AI 计算系统，包括在端侧设备上运行的 AI 模型、边缘服务器的资源管理和在云服务器上的 AI 模型训练；二是利用 AI 提质增效、节能减排，不断打磨面向 AIoT 的数据驱动和 AI 决策优化算法引擎。

未来 AI 赋能绿色计算还有着极大的想象空间，但"千里之行，始于足下"，眼前需要做的是，沉淀出一系列可跨领域落地的、通用化的数据驱动算法应用，再基于此搭建 AI 控制优化算法引擎，通过试点、合作、转化，让应用平稳落地多元领域。

具身智能与 RSR

智能机器人和自动驾驶两大领域被许多人视为足以撬动未来、引动连锁巨变的创新集成体与具身智能最佳载体。

当前,全球市值高达数千上万亿美元的科技企业,如谷歌、亚马逊、特斯拉、英伟达等都对智能机器人和自动驾驶两大潜力产业给予了高度关注,同时还在积极发挥自身优势、进行预热式布局。

一方面,国际机器人联合会发布的《2024 世界机器人报告》显示,2023 年全球工业机器人总保有量约 428.2 万台,较 2022 年增长 10%,服务机器人市场持续增长。数据统计网站 Statista 的最新数据预计,2024 年机器人市场营收将达到 461.1 亿美元。服务机器人占据市场主导地位,预计 2024 年市场规模将达到 362 亿美元,2029 年将达到 730.1 亿美元。[①] 另一方面,调研与市场公司预

[①] 《全球机器人产业加快创新发展》,人民日报,2024 年 12 月 11 日。

测，2026年，全球无人驾驶汽车的市场规模将达到594亿美元，与2021年的273亿美元相比，规模将翻一番。[①] 过去5年来，受外部环境的影响，虽时有波动，但全球智能机器人和自动驾驶领域的投资增势显著，体现出市场对这些技术的高度关注和期待。在国内，如百度、小米、大疆等技术实力较强的企业也纷纷押注这两个如朝阳般的产业。

无论是智能机器人还是自动驾驶，两者共有的特点体现在：技术复合度与复杂度极高，需要整合多个领域的尖端技术成果；研发和生产成本居高不下，短期内难有改善；产业化、产品化的速度相对较为缓慢——毕竟投资主体和研发人员需要考虑的可远不止制造出"能用"的机器人和无人车，再将其投放到家庭和工作空间中或是道路上。

企业很有可能仅仅在产品测试阶段，就需要投入数以百亿计的真金白银。如自动驾驶系统的研发，就必须进行大量的路测，确保车辆能够在不同天候、不同时段、不同路况下有安全可靠的表现，因此，此类创新集成体的产业化、产品化的速度很难加快。

怎样破局？怎样推动智能机器人和自动驾驶超越传统的价值验证与创新变现范式，借助新的研发理念、新的技术思路来大幅降低成本、实现快速迭代？

---

① 《2021年中国无人驾驶汽车行业市场现状与发展前景分析，市场前景较为明朗》，前瞻经济学人，2021年8月3日。

研发成本高的一大原因是迭代成本高。AIR协同视觉与机器人实验室主任周谷越副教授曾率领团队做测算，与迭代成本本身就不低的单网络模型的机器学习算法相比，一款机器人从原型到量产的成本投入简直令人瞠目结舌。以四旋翼的视觉导航机器人为例，仅在第一个原型机阶段，其成本就是机器学习算法研发的10倍。到后续的迭代阶段，问题的复杂度与成本差距的量级更是逐代飙升。

众所周知，强化学习是一种以目标为导向，在环境中采取行动，通过与环境交互累积经验、优化策略、确定最优选择的学习方式。这也是人类常常使用的学习和研发方式之一。对于训练智能体，首先是营造一个测试环境，定义一个奖励函数，设置一个初始策略，让智能体为获得奖励而在测试环境中采取一系列的行动，这些行动会影响环境的状态。通过与环境的不断交互，智能体得以不断学习、进化。而后，研发者再一步步提升策略，以此推动智能体的迭代。

通过强化学习的方式训练机器人，首要的问题便是我们能否营造一个虚拟的测试环境，让机器人可以在其间快速迭代，再将收获的成果运用于现实世界。从仿真到现实（Simulation to Reality，Sim2Real）技术，让有效降低智能机器人和自动驾驶的迭代开发成本不再只是一种遥遥无期的奢望。

近年来，数据燃料的持续供给、深度学习的快速进步，以及谷歌、OpenAI、英伟达等多家创新引领者的牵动，使 Sim2Real 技术真正具有了应用于真实世界的可能。

过往，由于一些领域（如自动驾驶）的真实数据通过常规渠道难以获取，具备一流行动力的研发者即便有新颖想法也面临"巧妇难为无米之炊"的局面，但现在，他们可以借助 Sim2Real 技术来生成大量数据，助力模型的升级。这是第一个趋势——将任务迁移至仿真环境下运行，以降低成本、加速创新。

第二个趋势是将任务变得更复杂和通用。从某个特定用途的机器人到兼容某一品类的机器人，再到跨品类、多用途的机器人，这样的成长可以遵循两种不同的路径。第一种是泛化，解决普遍问题。该路径强调的是技术的普适性和通用性。第二种是深化，解决具体问题。该路径强调的是技术的专业化和精细化。两种路径都不乏先行者、尝试者。在现实中，既有追求可在复杂多变的环境下灵活应对各种任务的机器人研发者，也有聚焦特定领域的专业化能力（如超轻量仿生机械臂）突破的创新团队。

基于上述两个趋势，我提出 Real2Sim2Real（RSR）的概念，可以将其理解为"从现实到仿真，再回归现实"，具体做法是用仿真环境下的技术迭代模拟进程来增强数据，发现、解决、预测现实环境中技术迭代真实进程里有极大概率会出现的问题，实现仿真场景和真实场景的虚实映射和双向连接，进而构建出数字世界与物理世界之间如衔尾蛇般的闭环。

智能机器人

与自动驾驶车辆一样,智能机器人的本质是具备了物理身体的智能体,或称"人工智能代理"。

智能体能够自主地感知环境、制定决策、做出相应的行动,以达成特定的目标。传统的智能体可能存在于虚拟世界,比如游戏里的角色、工作流程中的助手或者搜索引擎的算法。智能机器人则将实体躯壳赋予了智能体,拥有了身体的智能体可以和物理世界进行更直接的交互,如行走坐卧、抓取物体、背负重物、完成任务,等等。

我们将智能体的能力表现由弱至强、由低至高设定出六阶(从 L1~L6),分别为步骤执行、步骤制定、规划与反思、用户需求发现、专业决策、创意与情感。每一次升阶都意味着智能体已经可以胜任此前只能由人类完成的任务。

- L1:简单步骤的跟进(Simple Step Following),对应步骤执行阶。大模型与生成式 AI 爆发之前的智能体大致处于这一级别。

- L2:确定性任务自动化(Deterministic Task Automation),对应步骤制定阶。除了跟进简单任务,还能在给定相同的输入条件下,生成相同、可预测输出结果的自动化流程，流程本身具备高度的可靠性、可重复性，并且通常无须人工干预。对智能体而言，这一级别意味着更强的泛化能力、更高的自主性和更深入的学习能力。

- L3：策略性任务自动化（Strategic Task Automation），对应规划与反思阶。这一阶是人类智能有别于其他生物与AI的重要体现，也是AI发展的关键目标之一。当前，尽管AI在许多任务场景中已超越人类，但在规划与反思方面仍面临不少挑战。例如在涉及因果关系的理解与长期目标的设定和实现时，在充斥着诸多不确定因素的环境下，在平衡与优化多个目标的过程中，AI的表现都有待提高。而且，AI的反思能力是有限的。例如，它虽然能检测出错误，但是难以深入分析错误的原因并加以调整和改进。在现实中，策略性任务自动化旨在透过智能体，以完全的自然语言交互，实现复杂、具策略性任务的自动化。与确定性任务自动化相比，策略性任务自动化更强调智能体的学习能力、适应性和决策能力。

- L4：记忆与上下文意识（Memory and Context Awareness），对应用户需求发现阶。记忆与上下文意识是AI系统能够理解、回应、准确预判用户需求的基础。这要求AI能够建立更细致的使用者画像乃至模型；能够根据当前的对话内容、用户所在位置、所处时间等多元信息要素，更深入地理解用户意图，提供更精准的建议，也就是主动感知情境、提供服务。

- L5：自主化身（Autonomous Avatar），对应专业决策阶。自主化身的实质是具备高度自主决策能力的智能体，它们不仅是可与用户谈笑风生的聊天机器人，还可以在数字世界和物理世界中，以高度拟人化的方式进行互动和学习、决策和成长。目前的 AI 已能够实现自主化身的一些基础功能，如自然语言对话、计算机视觉、强化学习等，但距离真正意义上的自主化身，还有很长的一段路要走。例如，今天的大多数 AI 依旧专注于特定任务，缺乏通用智能，并且在情感智能方面的表现亟待提升。当智能体发展到自主化身阶段时，也就预示着"无所不在的人机分离服务"（Ubiquitous Human-Device Separated Services）成为现实。在这样的服务模式下，人与设备之间的交互不再局限于手机等特定的物理设备，而是可以随时随地、通过各种设备来进行。

- L6：创意与情感阶。更高阶的智能体是否能够萌生、涌现出真正的创意与情感，目前还难以得出确切的答案。至少在当下，创意与情感依然是人类的专属。

如今的智能体具备的能力大致处于 L2~L3。在加速 AI 研发进程、发掘智能体能力的同时，我们也在探寻为智能体赋形（即推动智能机器人技术领域的创新与突破）的可行路径。

RSR 模式应用

RSR 模式首先需要场景理解（Scene Understanding），其次需要系统理解。将目标迁移至虚拟空间，进行各种各样的仿真和优化，经过数据驱动的部署，返回至机器系统，处理后再用于现实系统的更新和改进。

场景理解这一步最重要，不仅要辨识和判断各种几何图形与图像，还要了解其语义。简单来说，在一个能够产生更真实的数据来仿真物理现象的虚拟场景里，智能体要知道场景中的每个物体及其位置与关系。这些经验被反馈给现实中的实体机器人，后者可以将所学的知识用于改善自身的性能表现。

与之相关的一项工作是"场景图"（Scene Graph）。它是一种用于组织、表达场景中对象及其关系的图结构。真实世界的数字化影像可以被智能体分离、解读为很多不同的要素，例如，搬运货物时周边的货架、地上的障碍物、地板的缺陷、行车时前后左右不断变换位置的车辆、路边临时停放的车辆、可能构成驾驶风险的不守规则的行人、红绿灯系统、道路标识系统，等等。

RSR 模式旨在赋予机器以理解场景、理解操作对象的能力。模型与真实世界之间的完美匹配离不开部署。有两种方法可以更好地结合仿真数据和真实数据，一是混合的离线 – 在线强化学习，二是通过库普曼算子（Koopman Operator）部署 MPC 策略。

这样的技术正在被快速应用于机器人产品原型，例如，在人机交互方面，探索了四足仿生犬与轮式机器人在导盲领域的应用可能。通过一系列量化的行为与心理指标，验证了四足仿生犬当前还不足以成为理想的导盲犬的替代者。这类研究往往会在产品落地前后，为决策者提供有益的参照。再如，在城市无人机的定位导航项目中，系统算法成功地被真实机器人执行。

在自动驾驶课题领域，RSR 模式同样可以发挥重要作用，加速研发进程。

在技术层面，"感知"作为决定自动驾驶安全与否的基础性课题，一度是研究人员关注的重点。在某种意义上，现在的计算机仍然和人类一样，需要在驾驭车辆的过程中对周边的三维场景进行实时动态的时空建模。在不同的场景下，借助不同模态的数据，算法不仅要能瞬间完成对车辆、行人等多元目标的检测，还需百分百准确地理解路标、交通信号体系的语义。

在 RSR 模式下，团队可以用算法提取场景及运动中的车辆，并基于此进行多轮次的仿真模拟。我们在模拟环境中可以做各种各样的测试，即使是模拟出车祸也没关系，还能因此而收获更多有价值的数据。这在真实世界里是不可能做到的。

驾驶车辆需要摄像头、激光雷达或毫米波雷达、超声波传感器等多种数据采撷设备来共同完成感知任务，不同的设备与传感器各司其职（见图4.2和图4.3）。激光雷达可以生成高精度的三维环境建模，直接检测、采集障碍物与距离等信息，探测盲点、提升驾驶安全；毫米波雷达能够进行速度和距离的测量，发出碰撞预警并紧急制动；前视、侧视、后视等多组摄像头可以收集到物体形状、颜色等细节信息，实现对物体的快速辨认和车道识别；超声波传感器则有助于在低速行驶和停车时，检测车辆周围的近距离障碍物。

理论上，多传感器的融合可以获得比人眼信息量更大、维度更多、处理速度更快的数据，可以感知到肉眼不易分辨的物体，这是现阶段自动驾驶测试试运营过程中唯一能够确定的机器司机相对于人类司机的优势，也是影响自动驾驶安全系数提升的决定性因素。

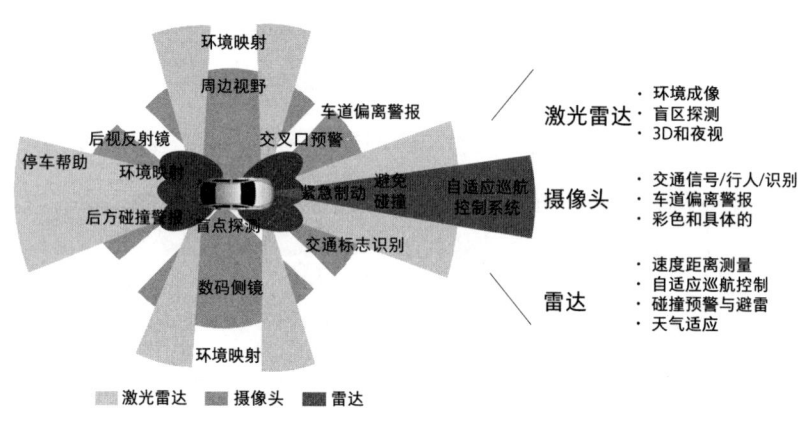

图4.2 传感器：驾驶车辆的安全运行需要多种传感器的组合

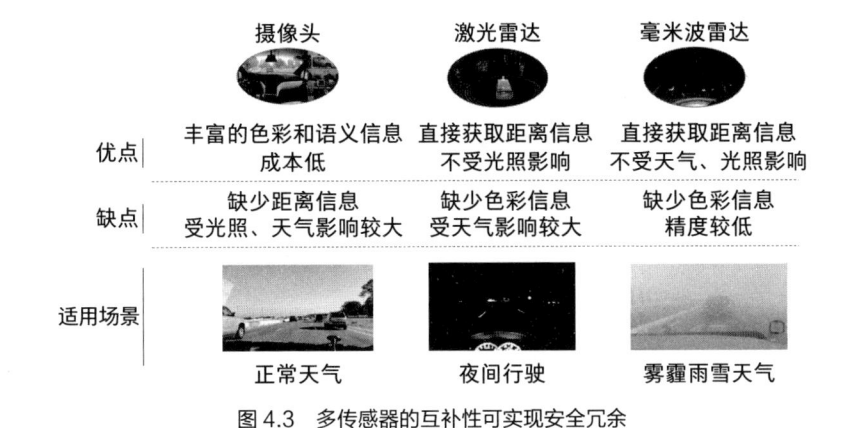

	摄像头	激光雷达	毫米波雷达
优点	丰富的色彩和语义信息 成本低	直接获取距离信息 不受光照影响	直接获取距离信息 不受天气、光照影响
缺点	缺少距离信息 受光照、天气影响较大	缺少色彩信息 受天气影响较大	缺少色彩信息 精度较低
适用场景	正常天气	夜间行驶	雾霾雨雪天气

图 4.3 多传感器的互补性可实现安全冗余

使用单一的视觉传感器极易受到光照与天气等因素的干扰，由此导致自动驾驶系统产生误判的案例可谓屡见不鲜。而且，在夜间感知的场景下，自动驾驶系统还面临将灰度图像信息与深度信息结合决策等诸多挑战。以 RSR 来进行仿真推演，则能够在相对安全的环境下尽可能地贴近真实世界的夜间驾车环境，从车辆自身到可能突然出现的干扰车辆、人及路灯。这样一来，逐步让自动驾驶系统实现全天候、全时段、全路况的安全运载，就不再是遥不可及的目标。

总而言之，在数字化 3.0 时代，数字空间与物理空间、比特世界与原子世界的互映射关系将大大加强，而 RSR 模式将会成为连接两个空间、两个世界的重要桥梁与纽带。这一模式能够大幅降低研发成本、加速模型部署、推动产业化落地的进程。相关技术蕴藏着下一个十年内巨大的产业创新机遇，但同时也需要从业人员对其进行更多、更深入的研究。

第 5 章
人工智能 + 自动驾驶的破局之路

自动驾驶不仅可以实现，还有望成为主流的出行方式

自动驾驶将成为万亿级赛道

作为汽车行业革命的关键技术，自动驾驶将从安全、效率及商业模式等多方面赋能交通产业升级。总体来说，自动驾驶的优势一是安全高效，二是节能环保，三是能创造巨大的产业机遇。智慧交通新时代如图 5.1 所示。

技术发展：汽车产业的"新四化"
网联化　智能化　共享化　电动化

产业升级：自动驾驶全面赋能交通产业

驾驶安全
自动驾驶减少交通事故，美国当前人为失误事故占比92%

交通效率
自动驾驶预计平均每天为每位司机节省约60分钟

商业前景
2030年自动驾驶预计为乘用车带来1.5万亿美元的新市场

图 5.1　智慧交通新时代

首先，自动驾驶能够极大地提升交通安全和效率。世界卫生组织（WHO）发布的《2023年全球道路安全现状报告》表明，2021年全球约有119万人因道路交通事故死亡[①]。其中大多数事故是人为错误导致的，而AI的介入可以大幅降低人为事故隐患。自动驾驶技术领域的一项共识是，自动驾驶车辆的安全标准应较人类驾驶提高至少一个数量级，达到人类驾驶安全系数的10倍——假以时日，这一标准还可能会升至100倍甚至更高。

其次，自动驾驶能够有效提升交通系统的出行效率和能源使用效率。自动驾驶可以提高行驶效率，优化行驶路线，提高交通流的速度和密度，减少交通拥堵，优化全网交通流，提升整体能源利用效率。同时，自动驾驶技术将催生新的商业模式和服务模式，如共享自动驾驶出租车、无人货车等，这些新模式不仅能提高车辆的使用效率，还有助于减少环境污染。

最后，自动驾驶能够创造出巨大的商业价值。根据麦肯锡未来出行研究中心发布的报告，中国未来很可能成为全球最大的自动驾驶市场，2030年自动驾驶相关的新车销售及出行服务创收将超过5 000亿美元。如此巨大的商业价值意味着全新的机会——新的芯片、新的操作系统、新的软件、新的服务及新的产品。

可以想象，5年或10年后，在宽广的、具备一定智能的城市

[①]《世卫组织：道路交通事故仍是5至29岁人群第一大死因》，新华社，2023年12月13日。

道路上，行驶的都是自动驾驶车辆，不需要司机和监督员，能够实现真正意义上的无人驾驶。乘客通过语音告诉汽车想去的地方，从起点到终点的所有路径都通过车路协同系统和优化后的算法来实时规划与变更，道路上的堵塞现象会大幅减少，排放也会显著降低。最重要的是，由人为因素（如饮酒驾车、疲劳驾驶、超速行驶、开车看手机等）造成的交通事故会显著减少。

然而，自动驾驶是一个复杂而艰巨的课题，涵盖了感知、认知、规划、决策、执行等诸多环节，系统需要在极短的时间内做出正确的判断和行动。同时，自动驾驶也是一个垂直且狭义的 AI 问题，可以被分解为有边界的子领域技术问题。因此，我认为自动驾驶不仅可以实现，未来还有望成为主流的出行方式。况且，自动驾驶只需要在安全的维度相较于人类驾驶员实现数量级的提升，就存在投入研究、推进研究的价值。

自动驾驶是不容错失的机会

汽车这一传统产业经历了 100 多年的发展。当下，新能源汽车、智能汽车、自动驾驶、软件定义汽车、从汽油转向电能对汽车产业带来了巨大的颠覆与重塑，而自动驾驶无疑是最具颠覆意义的因素。对于已在新能源汽车领域构建了独特优势的中国来说，自动驾驶更意味着不容错失的机会。

自动驾驶系统是核心，各种新形态的"车辆"是承载核心价值的"外骨骼"。除了无人车，还有一些企业、创业者在研发飞行车，希望将《银翼杀手》《第五元素》等科幻电影名作中的场景搬运到现实中，将传统的二维交通体系扩展到三维空间。其实，交通工具——无论是地上跑的、天上飞的、海里游的——只要被赋予了自动驾驶的能力，研发人员就可以专注于设计性能、安全性与可靠性更高的机械部分，至于感知、定位、决策、控制、通信、人机交互和能源管理，都可以交由自动驾驶系统来完成。正因如此，未来的10年、20年，由成熟的自动驾驶系统催生出的新兴市场很可能不只万亿级的无人车，还有缤纷多样的交通新物种。而日后的城市规划者，也需要根据崭新的交通场景、截然不同的布局思路来构思和实施。

自汽车和飞机发明100多年后，交通领域又在酝酿一场足以塑造未来的新风暴。

在自动驾驶车辆商用化落地方面，中国已初步确立"先发"优势。早在2021年，北京市便率先开放了国内首个无人化出行商业试点，在北京经济技术开发区核心区60平方千米的范围内投入30辆主驾无人车辆，开展常态化收费服务。这一事件可看作中国自动驾驶车辆走向商用化的起点。

对于自动驾驶，中国在政策层面给予了很大的支持。当前，从北上广深到渝汉蓉庐，都为自动驾驶汽车开放了示范运营区域。

同时，政府也很谨慎，毕竟方向盘后"有人"或"无人"，不仅关乎乘客对技术的认知和信心，更关乎生命。

站在科研人员的立场来说也是如此，任何时候都必须把生命安全放在第一位。正确的心态应该是，一方面乐观地期待足够安全的自动驾驶能够稳健落地，另一方面时刻保持谨慎与警惕。汽车产业不同于其他产业，新产品从面世到其价值获得普遍认可的周期很长。比如新能源汽车，早在 1990 年，通用汽车公司便面向全球推出了 Impact 纯电动汽车；而作为当前全球市场的领导者之一，特斯拉汽车公司于 2003 年成立，但直到 2020 年才赢利。

中国新能源汽车的销量在 2021 年第一次超过整体汽车销量的 10%，其后在多种因素的作用下迅速腾飞。到 2023 年，新能源汽车（包括纯电和混动）在整体汽车销量中的占比已达 31.6%；相比之下，同期美国电动汽车销量仅占总销量的 9.1%。

新能源汽车的发展历程对自动驾驶车辆的研发者和生产者来说很有借鉴意义。前人说得好，"每临大事有静气"，对待行业的重大变革，更要有十足的耐心。

自动驾驶技术研究的三个阶段

第一个阶段（20 世纪 70 年代至 20 世纪末）：完全基于规则的技术。早期的自动驾驶研究主要集中于预先设置的规则。典型的案例如卡内基梅隆大学的 ALVINN（Autonomous Land Vehicle in a Neural Network，神经网络中的自主陆地车辆）项目。

第二个阶段（21世纪初至2010年代中后期）：感知与数据驱动。随着传感器技术的进步，自动驾驶开始注重环境感知，通过传感器获取大量数据，并利用这些数据进行决策。有影响的项目包括谷歌无人车（后来的Waymo）、百度Apollo等。事实上，Apollo自动驾驶系统研发初始阶段采用了很多碎片化的小模型来分别训练地图、视觉、激光雷达等，随之还制定了大量感知、规划、决策的规则，这使整个系统不可避免地变得越来越复杂。

第三个阶段（2010年代晚期至今）：大模型和生成式AI。AI技术，特别是端到端学习、深度学习和持续学习等，在自动驾驶过程中得到广泛应用，使车辆具备了更强的学习能力和适应性。这一阶段的案例以萝卜快跑的无人出租车和特斯拉的FSD为代表。随着算法提升、AI技术成为主导，Apollo平台的规则开始逐步变少——系统自身可以学习和总结规则，做出判断。

除了技术因素，在推动自动驾驶技术产品化、大众化、普及化的过程中，还涉及两类关键问题：一类是市场力量，如技术可行性、用户需求挖掘、产品生态走向与商业模式等；另一类是非市场力量，包括政策、法规、伦理、隐私及其他人为因素。

就技术层面而言，"感知"曾经是研究者渴望攻克的首要关隘。此前自动驾驶系统的感知功能单元面临的最大能力问题在于泛化能力的不足。当首次驶入陌生的交通环境时，系统往往无法提供精准可靠的感知能力。相比之下，人类驾驶员不仅可以根据过往经验迅速找出解决办法，还能够随机应变、灵活应对各种突发问题。不过，人类驾驶员的能力不能无损耗地复制给其他人，而且驾驶员之间的驾驶水平也可能相差悬殊；而可靠的自动驾驶系统能任意复制，这是 AI 的优势所在。

传感器的类型、数目和品质对自动驾驶汽车的能力与安全性有着极大的影响。多传感器优于单传感器，但由于前者的总体成本一度居高不下，客观上成为这一领域创新提速的掣肘因素。当然，现在的情况要好得多。曾经，一台激光雷达的价格可能高达数万美元；而今，售价 1 000 美元左右的激光雷达比比皆是，很快还会降至几百美元。毫米波雷达的成本也已从数千美元降至数百美元。至于超声波传感器和高分辨率摄像头，目前其市场价格已降至几十美元。这些重要元件的价格不断下降，使得自动驾驶技术的普及变得更加可行，也推动了自动驾驶汽车的商业化进程。

近年来，随着智能网联逐步上升为国家战略，车路协同技术得以更快发展。相较于单车智能缺乏全局视野、感知能力有限等问题，车路协同的模式具有实时获取全局交通信息、感知范围更加广阔和全面等优势，能够为单车智能提供必要、关键、互补的信息，进而提高自动驾驶的安全性。

人工智能驱动全球汽车产业的变革与突破

稳健发展了一个多世纪的汽车工业而今正身处百年未有之大变局中。近年来,电动化、网联化、智能化、共享化被称为汽车工业"新四化"转型方向,如果再加上绿色低碳化,那便是"新五化"。

在向着"新五化"转型的过程中,汽车的产品架构与技术要素也在变化,以经典的发动机、离合器、变速箱等工程要素为主的架构,逐步扩展至包容了电化学(电池)、半导体芯片、AI算法、互联网应用等繁多、全新的技术要素,汽车产业也在不知不觉中升级为一个崭新的交叉型产业。纵览众多助推产业转型升级的技术要素,AI将成为未来5~10年内全球汽车产业最重要的变革和突破力量。

自汽车诞生以来,让车辆学会自动驾驶便是很多人的梦想——从《霹雳游侠》到《全面回忆》,从《少数派报告》到《机械公敌》,很多畅想未来的影视剧里都出现过自动驾驶汽车的身影。梦想是美好的，但只有在 AI 发展到一定阶段时才有梦想成真的可能。

纵览 AI 技术的发展历史与演进趋势，它与自动驾驶系统可谓天作之合。AI 在真正崛起前长达数十年的时光里，受限于数据、算力和算法。将来自机器的、更高深的智慧投射于不同的垂直行业、不同的创新产品，是无数人的美好期待。然而，只有在当下的数字化 3.0 时代，在物理世界与数字世界深度融合的背景下，研究者才终于有机会获取足够量级的、足以支撑自动驾驶研究的大数据。

现实中，城市在深度数字化，交通在深度数字化，乘用车辆本身也在深度数字化。大量的路侧传感、运算装备，每一秒都在产生对深度学习而言极为有益的数据，从而彻底打破了用以推动系统训练提速的"燃料"瓶颈。

当然，足够的数据只是圆梦自动驾驶的必要条件之一。其他必要条件还包括深度学习领域的算法突破，以及更快推进半导体技术发展从而大幅提升用于系统训练的算力。数据、算力、算法三者完美结合，才有可能使大规模、高安全的自动驾驶普及至城乡每个角落，从而彻底重塑汽车产业的格局与面貌。

能自行驾驶、安全应对各种路况的汽车，可视为一个被交付了特定任务、需实现特定目标的，对技术、安全与可靠程度要求非常高的机器人。它有别于传统的功能型汽车，是先进的机械技术与更聪慧的 AI 技术的有机结合，用户甚至可以将之理解为一台有着汽车外形的机器人。从技术角度来看，我认为 AI 是自动驾驶汽车最核心、最具难度、最有挑战性的要素，同时也是未来 5~10 年里应用前景最广阔的技术。AI 在自动驾驶领域的应用与通用型机器人有所区别，它的系统更加复杂，但并不是不可实现。

我们可以将自动驾驶技术理解为机器学习算法、高精定位技术、芯片、操作系统、人机界面（Human-Machine Interface，HMI）等多方面技术的集成。从架构来说，整个自动驾驶系统包含一个基础、四个层次。

一个基础——控制抽象层：车辆端与车路协同端实时将海量数据上传至数据平台，经由联邦学习技术来训练和提升生成式大模型的性能，同时持续优化和增强仿真平台的场景丰富度与真实度。

四个层次——原始数据层的效用是数据的同步采集和管理；定位感知层负责多感知网络的融合与鲁棒性以及精准定位；认知理解层专注于道路拓扑推理和长短时预测；决策规划层致力于结合人类智能与机器智能的案例与经验，在最短时间内做出正确的决策规划。

尤其值得一提的是端到端学习（End-to-End Learning），即让神经网络模型直接从摄像头、激光雷达、毫米波雷达等设备采集的原始传感器数据中习得车辆的控制方式，实现从感知到决策的端到端映射。传统的方法通常会将自动驾驶任务分解为感知、规划、控制等多个子任务,每个子任务都由不同的小模型完成,需要设定大量的规则。相比之下,端到端学习将整个驾驶过程作为一个整体任务,减少了模块之间融合的损失,通过快速迭代,系统的智能性和安全性大幅提高,可以更好地适应各种实际驾驶场景,从而赋予了系统更强的整体性能与泛化能力。

可喜的是,这些决定着自动驾驶系统可用性、易用性、耐用性表现的技术多年来在不少领域得到了广泛的应用,历经多次迭代,已逐渐步入成熟期。尽管系统极为复杂,但汽车自动驾驶一定能创造出属于自己的风口。举例来说,在感知层面,而今得益于大模型与生成式 AI、激光雷达、毫米波雷达、高分辨率摄像头及车联网(Vehicle to Everything,V2X)等技术的发展与进步,自动驾驶汽车已能做到比单纯依赖双眼视觉的感知更加全面,所能获得的数据也更加丰富、更加多维,这也让研究者能够不断提升自动驾驶汽车的安全性指标和级别。

自动驾驶的难点与挑战

如今，无论是在中国还是在美国，自动驾驶汽车的道路测试与商用探索都已累积不少成功的案例，尽管在技术难点、社会影响、政策法规等层面还有不少需要克服的困难，但我倾向于认为，仅在研发层面，自动驾驶相关技术的最难点已被攻克，而且相应的解决方案也越来越成熟，只是自动驾驶汽车的规模化应用还需要时间。

在所有的技术难点中，处于第一位的一定是安全性问题。要实现基于行业普遍共识提炼出的目标，即要让自动驾驶的安全性较人类驾驶员高出一个数量级，就需要深度学习与车路协同两大方向性技术为其提供坚实的支撑。

就深度学习而言，重要的是寻求泛化能力的突破。在对自动驾驶的诸多课题求解的过程中，研发者当然会进行大量的测试与试验，但在实际环境下，自动驾驶汽车总是会遇到测试、试验中从未碰到的情况。因此，研发者既要利用算法来提升其泛化能力，也要让算法本身具备更佳的透明性、可解释性，同时还需要利用海量数据不断迭代算法。

车路协同也是推进自动驾驶领域创新需要重点关注的课题。车辆的多维感知、数据汇集、瞬间决策，单单依靠单车智能是不够的，必须结合车路协同，与路侧的智能化基础设施联动起来解决长尾问题。智慧的道路及路侧设备能够实时为车辆输入更多维度的信息和数据，从而提高自动驾驶系统在规划、决策、执行时的安全性。不仅如此，车路协同还能为自动驾驶车辆进行技术层面的冗余备份，以应对随时可能出现的突发情况。

在推动自动驾驶落地、普及之前，不能不充分考虑新的技术、新的产品、新的产业可能给社会造成的影响。

事实上，国内外对自动驾驶可能给人类驾驶员的工作岗位带来的冲击有很多担忧之声。我想，这是一个需要社会各界积极面对、充分讨论才能得出正确结论的问题，但类似的问题并不是无解的。有很多办法，可以在加速自动驾驶技术进步和实用化普及的同时，保障以车辆营运为生的人类驾驶员的权益。就像大模型和生成式 AI 带来了数据标注师（又称 AI 训练师）等新职业那样，自动驾驶落地普及后，也一定会衍生出新的职业、新的岗位，比如无人驾驶车辆也需要运营人员的支持。

再说政策法规层面。客观来看，在全球范围内，不同的国家和地区都面临同样的挑战——政策与监管滞后于前沿技术的发展。就自动驾驶领域而言，无论是测试、试运营、专利保护与反垄断、保险设计、事故责任认定，还是用户隐私保护等相关规则与政策的跟进，都是相对滞后的。不过，我的看法是，由于自动驾驶事关生命安全，政策层面的谨慎远胜于激进。而在这一方面，中国有较良好的政策环境，国内用户对于包括自动驾驶在内的新技术的应用普遍持更开放、更期待的心态，愿意拥抱新技术、体验新物种。

面临的主要技术挑战

世界模型是否需要被重新定义，是第一个值得探寻的问题。尽管自动驾驶的世界模型和 AI 的世界模型有交集与重合的部分，但它们在定义上仍有所区别。

在此前的架构中，自动驾驶场景中的世界模型代表了侦测、感知的输出，以及决策、规划的输入，因而需要持续优化的是感知 AI 的真值（Ground Truth）标注方法与决策、规划 AI 的规则设计方法。真值是指在特定条件下，被测量对象的真实数值或状态。在自动驾驶中，真值通常用于评估和验证感知系统的性能。

过去的世界模型乃是通过有限语义的点、线、面、体来实现对物理世界的极简化表达，通常称为"闭集世界模型"。这种表达方式虽然极尽简化，却是整个系统的天花板。人类——即便是小孩子——也能轻轻松松地感知万物；但之前被形形色色的传感器、雷达、摄像头武装的自动驾驶系统却只能做到感知 N 物（N 的数目一般不超过 20）。所以，研发者需要的是能够感知万物的"开集世界模型"来编码全量场景信息，而不是编码极简信息。但开集世界模型本身的定义和真值是开放性问题，与感知训练数据集的重新构建息息相关。

如何训练决策、规划 AI 也是一个核心问题，特别是研发者需要 AI 的决策性、规划性能够超越之前经过充分打磨的规则代码。这在工程层面并不容易，不是一个凭借简单地堆数据就能解决的问题。

与以开环为主的感知 AI 算法相比，决策、规划 AI 由于是闭环系统，也就给监督式的模仿学习（Imitation Learning）带来了很大的挑战。模仿学习通过观察专业人士的示范、效仿他们的行为，尝试在相似的情境中采取相同的行动来取得进步，常用来训练自动驾驶系统的基础驾驶技能。很明显，挑战在于，用于模仿学习的绝大多数数据是正常驾驶数据，而不是危险驾驶数据，因而，学习的关键是，自动驾驶怎样从遇危驾驶状态恢复到正常驾驶状态。人类驾驶员遇到突如其来的危险，很可能会六神无主、大脑陷入空白；至于机器驾驶员呢？总不能通过死机再重启的方式来逃避危险吧？但现实中又不可能依靠大量司机（无论是人类还是机器）遍历极端长尾的危险驾驶状态，也就极难获取相关数据来训练决策、规划 AI。若是采用强化学习来提升决策、规划 AI 的性能，又很容易陷入"如何设定奖励函数"的泥潭，效果可能还不如直接设计规则好。

也就是说，与感知 AI 处理的高内聚性数据（在特定特征空间内非常集中或相似的数据）分布不同，训练决策、规划 AI 的难度较高。决策、规划的样本分布本质上是通过多个智能体、多个场景组合而成，分布非常稀疏，因此对小样本学习的要求很高，需要 AI 能够真正理解每个问题、每个场景，而不是简单记忆，否则就会对数据的数量和分布提出极端苛刻的要求。

同时，通过 RSR 模式训练决策、规划 AI，尝试解决数据数量和分布的问题。如果仿真器能做到足够真实，基于策略的强化学习（On-Policy）或许可以显著提升 AI 的性能，甚至超越人类驾驶员。所以，目前部分研发者的重要职责是不断提升仿真器的真实度，主要是致力于生成更真实的驾驶行为。传感器的仿真渲染随着神经辐射场（Neural Radiance Fields，NeRF）、高斯溅射（Gaussian Splatting）、扩散模型（Diffusion）等技术的普及而日渐成熟。

安全、交通、长尾、成本问题

回归所有人最关心的自动驾驶系统的安全问题。具体来说，自动驾驶安全至少包括以下四点要求：第一，智能驾驶决策模型可解释，系统能清晰地解释其决策过程和依据，以帮助开发者、用户及相关者更好地理解系统的行为。第二，能够彻底规避人类驾驶员可能做出的危险决策，在各种复杂和紧急情况下，系统能够做出更安全的选择，避免出现人类可能犯的错误。第三，客观评价规划算法，对自动驾驶系统的规划算法进行公正和恰当的评估，从而识别和改进算法中的不足，提升系统的整体性能。第四，有效评估自动驾驶系统的智能能力，包括系统在实际驾驶过程中的感知、决策和执行等各方面的能力。

一言以蔽之，上述要求针对高复杂性场景，强调系统必须具备高可靠性，可以说涵盖了曾经最具挑战性的高等级自动驾驶课题，并揭示了过去那些年高等级自动驾驶规模化、商业化落地难的症结所在。

第一，交通环境的变化规律不够清晰，自动驾驶在应对特殊场景下的突发问题时仍存在失效的风险。

交通的本义是往来通达。现代人眼中的交通环境，无疑是每分每秒都在变化的动态场景。对自动驾驶系统来说，这代表了"人－车－路"三因素的不稳定性。

举例来说，1 000个人就有1 000种行为习惯，况且每个人的行为本身便可能存在随机性与不可预测性。你在路口等红灯，视野被前方的泥头车遮挡，你无法预判通过路口时，会不会从视野死角突然钻出个快速奔跑的闯红灯者。

同时，在绝大多数车辆依旧由人类司机驾驶的背景下，你或许会循规蹈矩、不出纰漏地驾车，但你无法保证车辆前后左右的人类司机都像你一样理智、有礼貌，所以状态通常稳定的车（机器）反而会因为情绪不稳定的人而成为影响交通安全的因素。很显然，自动驾驶汽车不会产生情绪问题。

另外，道路环境的变化有时也会出乎自动驾驶系统的"意料"，比如突发的自然灾害或糟糕天气，未曾被及时标注的道路施工或交通事故。总之，复杂的、充满变数的道路动态因素提升了自动驾驶感知 AI 认知难度的上限；过时或未被标注的道路条件因素（如破损、坑洼、遗洒等客观条件，以及拥堵、事故、管制等主观条件）挑战了自动驾驶车辆软硬件性能适应能力的上限；暂且做不到百分之百稳定无损耗传输的"云 – 车"信息交换系统因素，如通信基站出现故障、通信网络被攻击等，考验了车联网多维性能的上限。

交通环境整体的复杂多变，意味着基于这种交通环境而生的自动驾驶车辆需要具备高级别的决策系统水平。在低等级自动驾驶领域，很多车企都已开始商用、量产，但已面世的车辆，仍难免存在着特定场景下应对能力不足甚至可能失效的风险。以自动紧急刹车为例，在夜间或行人穿梭等场景下，车辆可能反应迟钝，也可能神经过敏，其结果大抵是发生碰撞危险，抑或是让袖手旁观的乘客哭笑不得。此外，雨天打伞的行人、身着雨衣的行人、光照条件不那么理想的隧道等场景也容易出现系统失常问题。

第二，单车感知长尾问题限制了自动驾驶车辆运行设计域（Operational Design Domain，ODD）。运行设计域通常指自动驾驶系统功能设定的运行条件，包括环境、地理和时段限制，交通流量及道路特征等。运行设计域限制是保障车辆安全的重要手段，却在某种程度上制约了自动驾驶的规模化、商业化落地。运行设计域有很多限制条件：一是道路类型，如高速公路、山区道路、无信号灯的十字路口等；二是环境条件，天气状况（雨、雪、雾、强风等）和日照状况（昼或夜、逆光或弱光）等；三是其他方面，包括地理区域（城市、乡村、山区、无人地带等），速度限制，通信条件，收费站分布，易混淆和误判的元素（如水洼、低垂的植物、结冰路段、遗洒物体）和违反交通规则的人类行为等。

感知长尾问题是当前限制自动驾驶车辆落地后安全的主要问题之一。受车端传感器安装位置、探测距离、视场角（FOV）、标定精度、时间同步等多重因素的影响，自动驾驶车辆往往在繁忙路口、恶劣天气、小物体感知与识别、逆光等客观条件下表现失常，也就是说，准确感知、识别和高精度定位等问题一度未能得以解决。当然，随着大模型和生成式 AI 的能力进化，这些难关正在逐步被攻克。

第三，自动驾驶车辆的成本仍有待降低。想要让此类产品规模化、商业化落地，就不能回避作为重中之重的成本问题。就拿车载传感器来说，要实现高等级的安全自动驾驶，就需要增加车载传感器的数量。目前L4级自动驾驶车辆的硬件单元一般包含6~12台摄像头、3~12台毫米波雷达、5台以内激光雷达，以及1~2台全球导航卫星系统（Global Navigation Satellite System，GNSS）与惯性测量单元（Inertial Measurement Unit，IMU）和1~2台车载计算系统。即便近年来传感器元件的价格在不断下降，但如果将这些元件的成本叠加在一起，不难想象成本会有多高。这也让车辆的安全性与经济适用性成为难以兼得的"熊掌"和"鱼"。

综上可见，自动驾驶的最大挑战来自多变场景下的决策泛化能力不足、长尾困境中的各种安全风险和隐患，以及规模化、商业化落地成本。

应对上述挑战的关键是新的AI技术与车路协同。近年来，单车智能在快速进化，硬件元件的价格也在不断降低。与此同时，通过将单车智能系统与车路协同系统双向耦合，实现信息交互协同、侦测感知协同、决策控制协同，智慧的交通环境能够极大地拓展单车的感知范围，提升其感知能力。引入"人–车–路"的多维数据，更能实现群体智能或称"多车智能"，从根本上突破单车自动驾驶场景中遇到的感知与决策瓶颈。由此，研发者和企业便有机会在较短的时间内绘制出"自动驾驶车辆满地跑"的盛景。

自动驾驶的人工智能算法

自动驾驶算法栈分为三个部分：目标与障碍物、道路结构、决策规划。在早期的自动驾驶系统研发过程中，算法能力不够强大，系统主要依靠预先设定的规则来识别和处理目标与障碍物，对高质量传感器（如价格昂贵的激光雷达）有着较高要求，成本因此居高不下。道路结构部分则往往借助实时、在线调用离线高清地图来实现定位，决策规划部分也大抵是通过预定规则来完成，导致系统泛化能力和智能度较低，只能在特定区域内运行——就像是超大版本的家用扫地机器人。

2015 年以后，深度学习技术的发展赋予了 AI 感知目标与障碍物的能力，降低了自动驾驶系统对高性能激光雷达的需求，研发者因而可以采用低成本激光雷达甚至纯视觉方案来完成实时感知。这在大幅降低成本的同时，也让人看到了自动驾驶规模化、商业化的曙光。

然而，直到 2020 年，自动驾驶系统针对道路结构的感知仍不成熟，对于高清地图的依赖度极高，这无疑限制了自动驾驶的应用范围和安全表现。

2020年后至今，通过AI感知道路结构的技术渐趋成熟，即使在普通导航地图区域，自动驾驶系统也能感知到结构标准的道路，系统的实用性因此得以提升。

当前的状况是，目标与障碍物感知、道路结构感知两部分技术趋向稳定，令自动驾驶系统的性能有所提升，但决策规划部分仍以规则处置为主。这也意味着，算法迭代需要投入大量人力，代码越来越复杂，然而泛化能力仍旧有限。随着特斯拉全自动驾驶系统（Full Self-Driving，FSD）V12端到端版本的发布，业内专家认为，基于AI的决策规划算法已超越并正在替代人为的规则。

新的技术演进趋势意味着，感知AI和决策、规划AI已被整合为一个统一的AI模型，即端到端的AI模型。从自动驾驶技术架构的变迁来看，几乎每一次AI技术的进步都能为其带来架构的重大升级。而以FSD V12的多项改进来看，自动驾驶端到端AI化已是必然之选，接下来需要考虑的，主要是如何借助端到端AI来改造自动驾驶的技术架构、解决余下的技术痛点问题。

迄今为止，工业界的主流方案使用的大多数AI技术仍停留在2020年前的水平。但事实上，对今后各行各业影响最大的AI技术都勃兴于2020年之后。因此，很多从事自动驾驶研发的机构和组织都在探索如何应用大模型、多模态、生成式、预训练等AI技术思路帮助解决多年来困扰整个行业的疑难问题，加速自动驾驶技术架构的革新。

我和团队聚焦的是自动驾驶这一极其复杂的系统课题之下的AI算法问题。无论是多模态的感知还是轻地图的AI导航，基于端到端AI的自动驾驶涉及许多核心算法与新鲜挑战。例如，怎样更好地将强化学习应用于当前的自动驾驶大模型，怎样利用4D技术重建和模拟动态驾驶场景，怎样把结构化与非结构化的、视觉与非视觉的数据相融合，等等。

自动驾驶系统的复杂度可能比其他智能硬件（如手机和PC）系统的复杂度高百倍。车轮所承载的，除了座舱与乘客，还有一个规模庞大且聪慧灵敏的系统。这个系统需要时刻采撷数据、清洗数据，感知4D场景，列出驾驶行为策略的推荐项并做出安全的决策规划等所有动作，行为以车端为主、以云端为辅，虽然自动驾驶是"车–云–路"三位一体的决策产物，但这些决策的"主体"理应是车，也必须是车。云当然也很重要，但作为系统的研发者和设计者，必须考虑到可能存在网络无法覆盖的盲点、死角区域，以及因设备故障或性能不足而导致的数据延迟与卡顿等情形，因此必须使车端强大到足以脱网解决一切问题，且每一次决策都应是及时、安全、精确的。

试想一下，如果将大部分计算任务放在云里，各种始料未及的因素就有可能导致决策延迟、决策错误。如果是手机和个人电脑卡顿、死机，大不了重启恢复，但行驶在路上的自动驾驶车辆不能死机重启。所以，绝大部分计算与决策任务（比例至少占90%）必须放在车端来执行。

不仅如此，自动驾驶车辆首先是车，其次才是自动。是车就得能开，即使没有云、没有路、没有车联网，车也不能停在路上罢工，还是得继续安全行驶。无论是云、路还是车联网，只是让车辆更安全、更舒适、更高效的价值链环与配套设施而已。开车上路，智能并非必需，没有智能时还有基本功能，这才是自动驾驶车辆该有的样子。

关于新的AI技术对自动驾驶的影响，举几个简单的例子。首先，过去这些年，研发者做过的测试可谓不计其数，企业为此投入的资金也堪称巨量，Apollo这样的自动驾驶车辆跑过的里程已超过1亿千米，收集到的数据更是规模庞大。这种测试对技术的迭代来说很有价值，但很难获得一些特定的数据，比如对于训练系统风险规避能力而言至关重要的那部分边角案例（Corner Case）。而且，还有一个悖论：研发者希望收集到更多事故的数据，但自动驾驶系统的设计初衷是尽一切可能避免事故。在这种情况下，生成式AI就变得很重要，所以我们会利用扩散模型在模拟器里生成大量的边角案例拟真数据。我们和百度、奔驰都进行过相关课题的合作，成效十分显著。

再比如，有时自动驾驶系统的决策"黑盒"味很重，也就是说，其做出决策的计算过程和逻辑推理步骤不够清楚，这就让研发者很困惑。因此，我们的研究就包括打开黑盒，让系统的设计者和监督者能够理解它为什么做出某项决策，系统需要解释清楚它为什么会左转、会刹车、会加速、会换道。生成式AI能支持系统用自然语言与研发者进行交流，最终可能会让黑盒变得越来越透明。更何况在车载环境下，自然语言和语音是比触控更安全也更简单的一种交互方式。

自动驾驶系统固然重要，整体交通系统也非常重要。现在，我和团队可以用生成式AI去创建复杂的道路环境，包括各种路况、信号灯体系等，这些环境元素若是仅靠车辆在现实中做测试，往往既耗时间、金钱，所获得的知识与经验又少得可怜，因此使用生成式AI来化繁为简就成为必然选择。在这项工作中，首要任务是将真实数据融入虚拟场景，以真实数据生成新的数据，再以这些数据来"喂养"系统，从而构建一个端到端的闭环。

虽然人类司机的水平良莠不齐，但优秀的司机能够对车辆进行几近完美的驾驭。当人在做决策时（包括好的决策、坏的决策、引发或避免了事故的决策等），究竟是哪些功能区起了作用？目前很多科学家采用非侵入式脑机接口来深入研究优秀的司机做决策的原因和过程，并将有关"人脑如何处理与分配注意力"的宝贵数据整合到注意力模型中，再将模型运用于自动驾驶系统的AI算法更新。

自动驾驶：中美在互鉴中成长

在自动驾驶领域，中国和美国都是全球的领先者；但两个国家的发展路径、产业组织、开发模式并不相同。

首先，美国自动驾驶领域的研发是由企业主导的，如 Waymo、通用汽车旗下的 Cruise、特斯拉等，此外还有大量的初创企业。其次，美国在自动驾驶领域的研发基本聚焦于单车智能。最后，美国自动驾驶在垂直领域的应用相对较多，例如，卡特彼勒就在深耕采矿行业，其自动驾驶车辆也主要集中在运输卡车、矿用洒水车、钻机、推土机、轮式装载机等专业领域。我曾受邀参观卡特彼勒在澳大利亚的矿场（见图 5.2），在很多人的想象中，矿场内到处是头戴安全帽、身穿工作服的矿工在忙碌，但现实是，人们只能看到各种无人操控的机械设备在采矿、装载、运输，工作人员寥寥无几。我了解到，所有的采矿设备都是由卡特彼勒的技术专家远程实时监测与操控，而且卡特彼勒的矿山之星（CAT®MineStarTM）自动驾驶系统早在

2013年便开始商用。截至2023年11月,在澳大利亚、南美和北美,卡特彼勒支持15个客户运营约620辆无人驾驶卡车。这些卡车已运输超过63亿吨的材料,总计行驶里程超过2.3亿千米,且无任何安全事故发生。卡特彼勒自动驾驶车辆如图5.3所示。

图5.2 张亚勤参观澳大利亚矿场

图5.3 卡特彼勒自动驾驶车辆

美国受限于国情，比如美国各级政府对道路、交通等城际基础设施建设的影响力相对较弱，因此形成了上述发展路径。

在中国，许多企业在自动驾驶领域投入和布局，其中既有互联网头部企业，也有不少表现活跃的初创企业。与美国同行的区别在于，早在 2010 年前后，中国便开始对车路协同技术给予足够的重视，并很快确定了将车路协同作为智能网联路径方向的政策。

在前文里，我不止一次地强调，单车智能固然很重要，但研发者应更多地从系统角度来看待自动驾驶课题。系统角度是指，探索和推动自动驾驶真正落地不是仅靠汽车产业就能实现的，而是需要与城市建设、交通管理、能源供给等多元行业有效联动，而联动恰恰是中国的优势。车路协同不仅对未来的自动驾驶有利，还能够为目前正在使用的 4.4 亿辆机动车赋能[1]，使整体交通的效率更高、排放更低。而在车路协同的发展进程中，自动驾驶车辆也能从感知协同、决策协同逐步过渡到参与交通系统优化与智慧城市的建设大业中。

2021 年 5 月，我们与百度联合发布了 Apollo AIR 计划，旨在深入探索中国车路协同技术领域的"无人区"。我们提出了一个智能道路的分级体系，将道路依照其智能程度划分出 6 个层级——

---

[1] 《全国机动车达 4.4 亿辆，驾驶人达 5.32 亿人》，新华社，2024 年 7 月 8 日。

从智能程度最低的 C0 到最高的 C5。道路智能化等级越高，对车辆智能化的要求就越低，覆盖的智能汽车等级范围也就越广。也就是说，团队探寻的是在不使用车载传感器，仅依靠道路侧轻量感知的前提下，利用 V2X、5G 等无线通信技术来实现"车－路－云"协同的 L4 级自动驾驶。当然，我更想看到的是，单车智能和道路智能的程度都能在某一天达到最高的等级，这样，未来的自动驾驶就有了一套足够安全的冗余系统备份。

无论是美国的 Waymo、特斯拉还是中国的头部企业，之所以能在自动驾驶领域取得领先地位，主要是因为它们进行了大量的测试。不断增容的数据、持续优化的算法构成了一道进步的阶梯。同时，及早扩大自动驾驶商业化运营和推广的规模，则能够校验、改进、催熟商业模式，并反向支撑技术的更新与迭代。在这一方面，中美两国的产业界相互学习、彼此借鉴、共同成长。美国产业界在芯片、操作系统、工具链等领域优势仍旧明显，中国国内自动驾驶企业应奋起直追，直至超越。

当然，我们观察产业发展脉络时，应从底层延展至顶层，建立起系统观念和整体战略。在某一产业生态整体迁移、重构的过程中，存有大量超乎想象的机会。汽车产业率先成形于欧美，相关的国家、区域因而掌握了极大的先发优势。此前数十年，中国一直扮演着跟随者的角色，但当汽车工业的技术要素构成发生重大变化后，中国的汽车工业终于与其他先发国家站在了同一条起跑线上，而且中国在某些方面显然更具优势。所有致力于革新与重构汽车产业的中国企业都不应错过这种历史性机遇。

行业洗牌际，见证赶超时

全球自动驾驶行业已经历一轮大洗牌。2022年，在美国，成立仅6年的自动驾驶公司Argo AI突然宣布解散。尽管背靠福特和大众两大国际汽车巨头，Argo AI依然未能存活，最终倒在了IPO（首次公开募股）的大门前。同年，在德国，车载激光雷达"鼻祖"Ibeo因无法获得进一步的融资而向德国汉堡法院申请破产，部分资产被MicroVision收购。

我原本判断，国外这些自动驾驶公司会更早地退出赛场。它们或许选对了方向，但由于资源不足和商业变现进程缓慢等，还未抵达阶段性终点，就从先驱变成了先烈。

对于这一轮行业洗牌，有人认为是产业泡沫破灭的先兆。不可否认，无论在欧美还是在中国，自动驾驶产业的某些领域确实存在创业轻率与资本过热的现象，但从大趋势来看，自动驾驶的终极目标必然会实现。

开展自动驾驶相关业务的欧美企业起步更早，整体产业对技术及其商业化路径的探索更深入，自然也就更先一步进入洗牌阶段。可以预见的是，中国的自动驾驶企业同样会迎来一场淘汰赛。

今后几年，我们会看到一些企业黯然脱离自动驾驶赛道，甚至面临破产。最终幸存并坚持留在赛道上的，可能只有5~10家自动驾驶企业。所以，是时候提升危机感和紧迫感了。自动驾驶与其他任何产业一样，只有经历一轮轮的淘汰，最终才能诞生伟大的企业。

正所谓"条条大路通罗马"，自动驾驶涉及的技术多、涵盖的领域广，其发展路径呈现出多元化的态势。比如，按场景划分，可分为公开道路场景和封闭场景；按车辆类型划分，可分为乘用车、商用车、工程用车；按自动驾驶的智能表现划分，可分为L1~L5五个层级。长期以来，美国在自动驾驶领域的研究启动较早，技术水平相对领先。但近几年，中国开始奋起直追，中国的研发者几乎在自动驾驶课题涉及的各个领域快步向前走。尤其是中国在乘用车规模、测试规模、投融资等方面投入力度更大，因而产业链也较美国更活跃。

仅以乘用车规模为例，根据中国汽车工业协会数据，2023年，中国乘用车产销累计完成2 612.4万辆和2 606.3万辆，连续多年稳坐全球最大汽车市场的宝座。比产销量数据更重要的是，在中国，自动驾驶技术落地应用的速度不断加快，正在逐步下放到乘用车产品中。截至2024年，中国具备组合驾驶辅助功能的乘用车数量约为995.3万辆。这些车辆的市场渗透率达到了47.3%，显示出辅助驾驶技术在中国市场的快速普及和应用。

规模带来的优势之一是数据量。我在2008年提出过一个观点："未来最珍贵的资源不是石油，而是数据和算法。"这一判断同样适用于今天的自动驾驶行业。

像Apollo的L4无人车，目前每天收集的数据量就达到2TB/车，包含传感器、感知结果、车辆状态等全量数据。百度自动驾驶车队每天采撷的数据总量达300～400TB。一般的量产乘用车收集的高价值数据（如特殊场景等），上传的数据量也能达到约每月11TB/车。

数据的最大用途自然是驱动自动驾驶体验的持续提升，打造"数据闭环"。比如模型训练闭环，在遇到某些极端场景时，采集车外的环境数据，回传到云端，进行数据标注、数据清洗、模型训练等，迭代出新的模型，再经过仿真环境的测试与验证、实车端测试与验证之后，最终实现软件更新。

规模带来的优势之二是成本下降。前文已提到激光雷达、毫米波雷达、超声波传感器和高分辨率摄像头今昔价格对比的例子，此处不再赘述。总之，硬件成本的下降有利于自动驾驶车辆大规模量产上市，以及功能车辆的渐进式智能化。

根据ResearchInChina的数据，2023年1月至7月，中国有逾20万辆乘用车配备了激光雷达作为标准代工配置，同比增长523.3%，预计全年将超过35万辆。该机构预测，到2025年，激光雷达将安装在超过60万辆的汽车中。很多新型L2车辆已配备激光雷达。

规模带来的优势之三是商业闭环。中国选择的自动驾驶之路已很明晰——单车智能＋车路协同。政企学各界致力于创造的，不只是智能的车，还包括智慧的路和强大的云。在这样的模式下，既保证了自动驾驶车辆的安全性与乘客体验的跃升，还完成了智能基建的覆盖，以及车辆产销规模的扩大和硬件成本的降低。由此形成商业闭环，并进入一个良性循环的状态。

尽管2024年10月举办的特斯拉"We, Robot"发布会似乎意味着，美国自动驾驶与机器人的实用化、规模化进程已骤然加速，但我仍然觉得中国在方案落地上是走在欧美前面的，特别是车路协同方面。北京设立于亦庄的高级别自动驾驶示范区就是全球规模最大的自动驾驶与车路协同测试基地。当前，示范区已完成"车–路–云"一体化试验环境搭建与小规模部署，即将实现600平方千米智能网联道路和智慧城市专网覆盖。在这一方面，欧美尽管研发启动更早，却不如中国部署快、落地好。例如，在武汉，上千辆基于Apollo平台的萝卜快跑（Apollo Go）自动驾驶车辆正在7×24小时不停歇地为市民提供安全出行服务，服务范围涵盖约3 000平方千米的城市区域，累计服务人次达1 700万。图5.4为张亚勤与萝卜快跑自动驾驶车辆的合影。

图 5.4　张亚勤与萝卜快跑自动驾驶车辆的合影

无论如何，我认为以自动驾驶产业机遇为核心的国际竞争只要是开放、良性、以"生命至上"为信条的，那便有益于新技术的标准化、大众化和新产品形态的成熟、成功。毕竟到目前为止，一个空前庞大的产业才只是粗具雏形。创新马拉松征途漫漫，交替领跑是很正常的现象，重要的是不急不躁、不疾不徐，让前行的每一步都落在实处。

自动驾驶即将迎来春天

根据技术成熟度曲线对新兴技术发展周期的描述，一项新技术或某种创新从发展到最终成熟会经历五个阶段：科技萌芽的促动期、过高期待的峰值期、泡沫破裂的低谷期、稳健攀升的光明期、实质生产的高原期。在泡沫破裂的低谷期，企业开始理智退出，资本逐渐趋向冷静，行业竞争的参与者似乎身处低谷，但实际上，这一时段是沉潜蓄势的好时机。

根据中商产业研究院 2024 年 5 月发布的数据分析，2021 年，中国智能驾驶行业迎来了投融资事件的顶峰，当年智能驾驶投融资事件达 50 起，投融资金额为 837.94 亿元。之后，智能驾驶投融资降温，2023 年智能驾驶投融资事件仅 20 起，投融资金额为 75.11 亿元。中国自动驾驶市场规模已由 2018 年的 893 亿元增至 2023 年的 3 301 亿元。

今天，自动驾驶产业的去泡沫化进程已基本完成，自动驾驶的春天逐渐临近。2024 年 10 月 24 日，为智能驾驶和 AIoT 领域提供全场景智能解决方案的地平线在港交所主板挂牌上市，募资总额达 54.07 亿港元，成为港股 2024 年最大的科技 IPO。一天后，打造了自动驾驶通用技术平台 WeRide One 的文远知行也成功于纳斯达克挂牌上市。小马智行不久后也成功上市。在我看来，2025 年极可能是自动驾驶元年。

从产业链的角度来看，中国持续推动自动驾驶技术创新与落地，其中最需要重视的仍旧是芯片与核心软件。

由于起步时间早、技术积淀深，美国自动驾驶行业在底层实力方面更强。比如，英伟达的 Drive 系列芯片提供了强大的计算能力和 AI 处理能力，英特尔旗下 Mobileye 研发的 EyeQ 系列芯片则在视觉处理和自动驾驶算法方面表现出色。相比之下，国内做汽车芯片研发的公司相对较少，需要不少时间和资源来催化其成长。

大受追捧的英伟达大算力芯片 Orin X 早在 2021 年就已大规模量产上车，提供高达 254 TOPS（处理器运算能力单位）的计算能力，支持 L2+～L5 级别的自动驾驶。更强大的 Drive Thor 计算平台，则可实现最高 2000 TOPS AI 算力以及 2000 TFLOPS 浮点算力，大大提升了芯片算力水平。

当前还处于创业成长阶段的中国公司，如地平线、黑芝麻智能也已加入这一轮汽车芯片性能比拼的创新马拉松。地平线新近发布的新一代车载智能计算方案"征程 6"系列芯片，算力最高可达 560TOPS。获小米长江产业基金投资的黑芝麻智能，量产了"华山""武当"系列芯片。

此外，在操作系统、软件算法等与自动驾驶底层能力密切相关的领域，中国玩家在厉兵秣马之前仍需卧薪尝胆。考虑更多因素，在支撑着产业技术的每一个局部做出自己的部署，这在产业起步期尤为重要。

我个人预计，自动驾驶规模化、商业化落地的时间节点在 2030 年左右——当然，这是指在开放环境下的乘用车。在矿区、景区、物流等场景下，自动驾驶规模化、商业化的步伐可能更快。

过去几年来，通过与各界伙伴加强合作、共享资源，我们切实推动了中国自动驾驶产业的发展。

在技术层面，自动驾驶基础模型的搭建目前已基本完成。这一模型可以分为两个循环作用的功能单元——驾驶策略生成与执行单元及 RSR 训练单元。

驾驶策略生成与执行单元可细分为五个层次。

- 底层为基础数据采集层：通过车路协同系统和地图、车载传感器及 HMI 人机界面，不间断地提供车辆与外部环境交互的通信数据和地理位置等信息。
- 数据管道层：所有数据通过受控的数据管道，传输至云端做进一步处理。
- 云端模型层：分为通用感知大模型与通用决策大模型两大模块，采集到的基础数据在这一层经过模块内置的 AI 应用模型——主要是实时蒸馏模型的处理、清洗、转换，由感知大模型与决策大模型将数据转化为任务，交由上一层来完成。
- 任务分配层：通用感知大模型将数据提炼为安全关键任务——4D 全场景感知，分配给单车智能系统；通用决策大模型将数据过滤为两个 AI 应用任务——快速评估和强化学习、驾驶行为策略推荐。
- 任务执行层：由 4D 全场景感知和两个 AI 应用任务导

出又一项安全关键任务，即驾驶策略执行。

完整的驾驶策略生成与执行的数据将输入 RSR 训练单元，通过端到端学习、场景生成与 4D 神经渲染，转化为 AI 训练素材，返回到驾驶策略生成与执行单元，由此形成一种正向循环。

不仅如此，生成式自动驾驶仿真平台也已就绪——将车端与路端实时采集的真实数据传输、汇总至平台，通过图神经网络（Graph Neural Network，GNN）和图结构表征（Graph-structure）学习识别背景环境与交通要素，再经由自然语言驱动的 AIGC 生成式模型来生成仿真场景背景与交通要素，各种语义信息、深度信息、场景背景、车辆外形、行驶轨迹、行人与其他环境要素等皆可编辑。

与此同时，作为自动驾驶领域的中国力量代表，我们一直积极参与新的产业标准的制定，并基于 Apollo 平台，大力推动自动驾驶技术在中国迅速、安全、平稳落地——截至 2023 年，Apollo 联盟已拥有 200 多家成员企业，自动驾驶里程总数超过 1 亿千米，落地运营的城市达 20 多个，完成的载人订单数超 300 万单。作为 Apollo 理事会的理事长，我对这些数据及其背后蕴含的进展及意义尤感振奋。

AIR ApolloFM 于 2024 年 6 月诞生，这是全球首款支持实车部署的开源端到端自动驾驶系统，填补了国内自动驾驶行业在开源端到端实车部署方案上的空白。AIR ApolloFM 框架具备高度的通用性，不仅适用于自动驾驶汽车，还能应用于机器人等，可以作为具身智能领域的通用框架。

在国内，目前也有不少企业开始尝试自动驾驶出租车、自动驾驶座驾的商业化落地，但我想步伐或许还能更快一些，比如增加免安全员监督和干预的测试时长，让自动驾驶车内真正做到无人值守。这样的测试才能给系统性能带来质的飞跃。

终点很明确——真正的自动、无人驾驶；2030 年的时间节点也很清晰；挑战更是一目了然——安全。尚不明晰的是通往终点的路径、战胜困难与挑战的方式。这需要全行业乃至社会各界一起探索和努力。在面对未知且多变的技术变革风暴时，只有聚合学术界、科研界、产业界的资源，才能释放出决定性、创造性的能量。

第 6 章
人工智能的风险与安全保障

如何确保大模型技术应用的安全性

在前面的章节里,我展示了很多 AI 辅助人类、创造更美好未来的可能性。但科研工作者在推动技术进步的同时,也应该格外警惕技术的副作用,甚至要以较普通用户更审慎的态度来观察、预测某项技术的阴影部分,防患于未然。

对于比往昔的智能技术强出不止一个层次的 AI 新科技,以及继续向前演进势必会诞生的 AGI、ASI(超级人工智能)来说,更应未雨绸缪,通过各种必要手段,在将其性能、通用性与可靠性提至最高的同时,把潜在风险降至最低。

而今,无论是语言模型、视觉模型还是多模态模型,AI 大模型都拥有较过往存在的智能体强大 N 倍的能力。然而,我们在为其无穷潜能欢欣鼓舞之时也应警醒,倘若任由相关技术不加约束地发展下去,便有可能给人类社会带来一场空前的"智械危机"。

第一重风险是信息风险。假消息、被断章取义因而不符原意的消息、真伪难辨的图片和音频、无中生有的消息源和评论等，这些与互联网、社交网络的兴盛伴生随行的负面衍生物一直都存在，但大模型带来了更大的风险——波及面可能更广泛，影响也可能更糟糕。2024年年初，世界经济论坛将AI生成的错误信息与虚假信息列为"未来两年全球十大风险"之首。

四年前我在西雅图出差，身边的同事聊得最多的是，总统竞选马上开始，已经有人在利用大模型模仿乔·拜登或唐纳德·特朗普，生造出一则则几乎可以乱真的假消息——很多选民担心，这会影响选举的公正性。

四年过去了，情况似乎并没有变好。特朗普在2024年的美国大选中获胜，当选第47任美国总统。竞选期间，一些狂热粉丝再度利用AI伪造所谓的"名人支持海报"来混淆视听，效果比四年前更加真实了。一个更恶劣的深度伪造（Deepfake）案例是，2023年2月，有一家总部位于英国的工程公司，其中国香港分部的财务主管遭遇了视频会议骗局——参会者除了这位主管，其余的英国同事均由AI生成。这一骗局给该公司造成了2 500万美元（当时约合1.95亿港元）的损失。另据不完全统计，2023年，仅在香港一地，AI深度伪造的诈骗案件就增长了10倍。

20多年前，我还在微软亚洲研究院担任院长时，团队花费了3个月收集我的数据，做出了一个能够模仿我形象和语音的数字化的"我"。现在这样的工作只需要几秒钟便能完成，而且效果更真实，令旁观者难以辨别。技术强大到这种地步，就必须遏制其被滥用。

第二重风险是，当信息智能拓展到物理智能、生物智能时，一旦失控，或是被心怀恶意的人利用，其所能造成的破坏或许会大大超出人们的预料。大模型作为生产力平台乃至新一代操作系统，会被用于我们所能想象的任何一处应用领域，包括且不限于金融系统、军事指挥系统、政务决策系统等，届时，风险必然会呈指数级上升。

第三重风险是可能关系到人类能否持续生存繁衍的意外变故。有段时间，业内有一种观点是，AI大模型或将给人类带来与核武器、致命性病毒同等级的威胁。这种威胁有可能来自AI本身的不可控性，以及自动化能力被滥用后的可悲场景——尽管进展迅速，但当前我们仍处在AI研究与多样化产品开发的早期阶段，尚有很多时间和方法对其发展路径进行规范化调节，重要的是时刻保持危机意识。如果缺乏这种意识，无疑非常危险。

对于今后如何确保大模型技术应用的安全性，我的三点建议如下。

第一，针对前沿大模型，应建立一个严谨的分级评估体系。普通的AI应用或许无须过于苛刻烦琐的监管，但考虑到前沿大模型的强大能力，特别是参数量达万亿的超大模型，还是应当通过合规监管的方式，时时关注、完善评估，并对其使用场景进行必要的约束。

第二，要有实体的映射。数十年来，我一直从事研发工作。很多时候，创新不需要也不应该被严密监管，但前沿大模型是一种不同的创新存在。以 AI 产出的内容为例，如果不对其进行标注，任由真假难辨的信息泛滥于社交网络和短视频平台上，就可能引起不良后果。何况标注 AI 生成内容的性质与产出源，从技术与实施的角度来说并非难事。再比如，某个企业家希望为自己建立一个 AI 副本，在分身乏术时，可以由数字人为自己代言，这当然是一种简单可行的选择。然而，即便基于 AI 技术的数字人深入学习了你的三观、历史观点和话术风格，它也不是真正的你。由 AI 生成、数字人表达的多媒体内容理应加上清晰的标注。此外，在生成 AI 智能体时，应使智能体存在相对应的现实主体，并且要让其影响的对象都能明白，这个智能体仅仅是现实主体的从属或镜像。这样一来，一旦智能体出现问题、造成失误，便能轻易追溯到主体。

第三，我一直在呼吁，从事前沿大模型开发的企业、基金会、科研组织等，应当从 AI 研发资金中拨出 10% 用于 AI 风险研究。AI 风险研究并不只限于政策与规则的层面，还有很多高深的学术课题与技术难点。AI 技术的研发者必须从此刻开始关注风险问题，这样才能与企业、政府共同前进。

我们已进入真正的人工智能时代。从过去多种算法、多个任务、多元模型，走向现在的相对统一的大算法、多模态、预训练、自训练与自监督的大模型，Token-based（基于词元的）训练逐渐成为大模型开发与应用的重心。无论是语音、视频、蛋白质结构分析与预测，还是新材料筛选，要把所有模态的数据分解成更小的词元，其处理方式与算法应该是相对一致的。此外，模型越大，研究者对真实物理世界的描述就越准确。有人说，当前的大模型是真实世界的压缩——确实，它还只是一个压缩的模型，但即便如此，它依旧有着再创造的能力。这便是新一代AI的涌现和统一。

在世界经济论坛2024年年会"生成式人工智能：第四次工业革命的蒸汽机"分论坛上，IBM公司董事长兼首席执行官阿尔温德·克里希纳指出，10年之内，人工智能将每年产生4万亿美元的生产力。前方似有无穷机遇在催人奋进，但任何时候都不能只看机会而忽视风险。提前筹谋、部署应对技术负面影响的策略与措施，无疑有利于我们更稳健地前行。

必须高度重视人工智能风险

每当信息技术有所进展,针对其风险的讨论便会如影随形。这是很自然的事——任何强大的技术若不为其制定"规则"和"限制",而是不加约束地使用,那便极有可能造成灾难性的后果。

早期的 AI 并没有那么智能,同时应用空间也较为狭窄,因此很多人不太相信 AI 会有多大的能力与潜力。现在看来,科幻成真——文学作品与影视节目中的各种设想与演绎离我们越来越近,正一步步成为现实。正如我在前文中指出的,AI 大模型的强大功能及其蕴含的无限可能已称得上毫无争议。随着前沿大模型一飞冲天且快速迭代,与之相伴的潜在风险也在不断累积。这些风险包括但不限于以下几个方面。

- 深度伪造:利用深度学习技术生成高度逼真、实为伪造的图文及音视频内容。

- 幻觉问题（Hallucination）：AI 生成了看似真实但实际不准确甚至是生造的信息，给用户带来不必要的困惑，还可能造成更严重的后果。
- 有毒信息（Toxic Information）：AI 生成或传播了仇恨言论、有误导或曲解嫌疑的事件解读、虚假新闻、骚扰内容等有害信息。
- 递归式 AI 发展：AI 系统在自我改进与进化的过程中，可能出现令研发人员始料未及的糟糕结果。
- 失控和误用 AI 代理：在没有适当监督的情况下，AI 代理或许会擅自实施有害或不道德的行为。
- 具身 AI 和生物 AI：这些技术可能带来新的伦理和安全问题，甚至在物理世界掀起一场场危机。
- 大规模的系统风险：任何系统在被大规模应用后，都可能遭遇各种危及系统及其使用者的风险，如系统崩溃、受到网络攻击等。
- 通用人工智能技术对就业市场和社会收入不平等的影响：通用人工智能可能导致人类的某些工作岗位被机器取代，进而令社会收入不平等的现象加剧。

考虑到 AI 科技广阔的应用空间与迅猛的渗透速度，从现在开始，我们就应该像对待核武器那样高度重视 AI 风险。援引深度学习之父、2024年诺贝尔物理学奖得主杰弗里·辛顿曾经说的话："目前为止，我还想象不到更智能的事物为一些没它们智能的事物所控制的例子。打个比方，假设青蛙创造了人类，那么你认为现在谁会占据主动权，是人还是青蛙？"

"人类简史三部曲"的作者、以色列历史学家尤瓦尔·赫拉利发表过类似的观点。他曾将AI比作异类智能/外星智能（Alien Intelligence），因为AI做决策的方式与人类思维有着根本的不同。

我的看法是，就科技探索而言，人类拥有两种智慧——发明创造技术与控制技术走向，两者必须均衡前行。目前来看，在AI技术方面，"控制技术走向"稍稍落后。作为研发者，我们一定要更快地解决AI与人类价值观对齐的问题，也就是要确保AI系统的目标、决策过程和行为完全符合人类的价值观与利益。

第一，研发人员要将一部分资源和精力投放在"对齐"的课题上，先要让机器理解、接受、遵循人的价值观。这不仅是跨学科、跨领域的伦理问题，还有实现路径中可能存在的悖论。一方面，如果AI的智慧程度足以理解、接受并遵循人类的价值观，这就意味着它在智商和情商等方面已经达到或超越人类的平均水平。这种AI不仅能够处理复杂的任务，还能理解和内化人类的伦理与道德标准。另一方面，一旦AI具备了这样的能力，它可能会发展出自己的价值观和行为规则。高智能系统具有自我学习和自我改进的能力，可能会在不断的学习和进化过程中形成独立且独特的思维模式与价值体系。在这样的情况下，如何确保 AI 始终都能遵循人类的价值观而不产生自己独立的价值观，就成为一个巨大的挑战。即使我们在初始阶段对 AI 进行了严格的对齐训练，随着时间的推移和 AI 的自我进化，这种对齐有可能会逐渐失效。也许未来会有更好的解决方案，但仅从当下来看，我们所能做的是让"对齐"相关的研究贯穿整个 AI 进化的过程。对此，身处 AI 研发前沿领域的人士负有重大责任，绝不能只注重挖掘 AI 的能力，而不着力于推进对齐任务。好在"火箭安全工程"已成为火箭科学与工程学科的一个重要分支，当前也诞生了新学科"AI 安全研究"，不少前沿科学家在积极倡导、密切关注 AI 对齐课题。

第二，要制定和持续优化与 AI 监管相关的一些基本原则。1942 年，在小说《环舞》（该作品于 1950 年被收入短篇小说集《我，机器人》）中，美国科幻小说家艾萨克·阿西莫夫设想并定义了机器人的行为定律，即著名的"机器人学三定律"。1985 年，阿西莫夫又借另一部小说增补了"第零定律"，将约束机器人的指令由 3 条扩展为 4 条。虽然在现实中，这些法则很难被简单解译并沿用于 AI 和机器人的行为规范中，但其理念和思路确实在某种程度上启发了相关领域的科研人员，至少能提供有益的借鉴。2017 年年初，在美国加州阿西洛马召开的"有益的人工智能"（Beneficial AI）会议上，由未来生命研究所牵头，全球多位 AI 和机器人领域的专家联合签署了《阿西洛马人工智能 23 条原则》，旨在确保 AI 技术的发展始终可对人类社会产生积极的影响。这 23 条原则被认为是阿西莫夫机器人法则的扩展和深化。对此，我的看法是，这些原则对人与 AI 的权责进行了更细致、更清晰的界定，明确了以人为主、以机器为辅的关系。也就是说，无论是机器人、AI 系统还是自动驾驶汽车、智能应用，其权限与责任都不应超越人类。同时，掌握着最终决策权的个人、公司或组织，理应承担更大的责任。有鉴于此，未来即便 AI 和机器人的能力迅速膨胀，只要它们对现实产生了真真切切的不良影响，其背后的主体就必须负责任，这一点应从法律层面予以明确。举例来说，倘若某辆自动驾驶车辆成为车祸的肇事方，那么车主、制造商、软件提供商和保险公司等主体就要共同承担责任。AI 本身不能独立成为主体。

AI 不可拥有自己独立的伦理和价值体系。不管用 AI 来做什么，它都是服务于人的系统，它的价值就是人的价值，它的伦理体系需承继人的伦理体系。研发者必须保证 AI 始终是人类伦理和价值体系的服膺者与展现者。此外，还需不断提高 AI 的可信度、安全性与可控性。

上述这些问题涉及计算机科学、伦理学、法律、社会学等多个学科，而我们在确保 AI 可用且可靠方面所做的工作也才刚刚开始。当然也有很多令人振奋的进展，例如，欧盟《人工智能法案》于 2024 年 8 月 1 日正式生效；美国通过了《美国人工智能倡议》，发布了《关于 AI 标准的全球参与计划》；中国制定了《生成式人工智能服务管理暂行办法》《工业和信息化领域数据安全管理办法（试行）》等政策法规。这些都是很好的探索，唯有技术研发、立法监管、伦理对齐等工作合力并进，才能让 AI 技术的发展更健康。

产学研各界应当欢迎并支持政府对 AI 及其他新兴科技的立法监管尝试。虽然监管不是万能的，但它能够有效地保障 AI 技术不朝错误的方向发展。互联网诞生时经历过一段龙蛇共舞、野蛮生长的时期，网诈、盗版、侵犯隐私的现象一度甚嚣尘上，直至其发展到一定规模和程度，才有新的法规出现，对乱象进行纠正。与之类似，政策法规的出台速度有时滞后于技术的进步速度。因此，两种智慧必须平衡，技术向前跑，监管来规范。信息社会技术发展往往更快，如果人的意识思维及政策法规的更新仍停留在工业时代，那就自然会滞后一些。这无可厚非，及时补正就好。

科研工作者还应始终谨记的是，人的价值一定高于技术。这里的人既指人类整体，也指每一个个体。我们在痴迷于以技术进步创造奇迹、让自己的智慧成果影响更多人的同时，必须先为自己设置一条底线，即生而为人的价值观与责任感比技术和所谓的荣耀更加重要。我们已经有一些教训，典型的例子就是核研究。若将相关技术用于医学，便可以造福人类；若用于研制大规模杀伤性武器，便在全世界 81 亿人的头顶上高悬了一柄不知何时会掉落的利剑。类似的还有基因编辑技术，世界各国多有明确立法，

第 6 章 人工智能的风险与安全保障

要求不可将此类技术用于改变物种，特别是人类——并非技术层面无法实现，而是此举突破底线，人将不人。

现在对于 AI 也应制定清晰、具体的要求，它能做什么、不能做什么；它的底线在哪里，上限又在哪里；它达成高智能表现的原理和过程是怎样的。其中有的问题需要跨学科专家与监管部门共同商榷和明确；有的需要研发人员继续努力，争取打破黑盒，获知更多信息。

我们有时了解某项技术、某种事物"怎么做/实现"，却不太清楚其"为什么"，也就是"知其然，而不知其所以然"。研究者可能对"怎么做"的了解程度仅有三四成，便着手探索，但其实弄明白"为什么"非常重要。就如 AI，既然我们对很多"为什么"的问题不甚明了，那么再将其应用到物理系统和关键使命体系时，小心保守显然胜于大胆激进。

业界在行动

坦率地说,在 2020 年 GPT-3 亮相前,科技界、产业界对 AI 抱有热情,但热度并不像现在这样高。早年间,我参加达沃斯论坛和其他科技相关峰会时,与会者也会探讨 AI 的能力,但对它能具备哪些特别的功能、完成何种级别的任务并不是很确信。不少人觉得 AI 依然可以归入软件和服务的范畴,其能做的事情有限,不大可能对产业产生深远影响。

2018 年和 2019 年,GPT-1 和 GPT-2 相继诞生,尽管其能力表现并未与过往的 AI 系统形成显著差距,但仍然引发了一些专业人士的兴趣与关注,其间各种论坛、会议上讨论 AI 的声音变得更多。专家们先是谈数据资产的问题,他们担心公司随着其掌握的数据规模越来越大,会变成数据垄断者。2019 年,我以百度总裁的身份参加达沃斯论坛,恰逢脸书数据泄露,影响逾 5 亿用户的事件曝光,当时数十家大公司的 CEO 都在讨论大企业、大责任、大担当的话题。这表明，许多人开始认识到，公司和组织掌握的数据越多、AI 的能力越强，需要承担的责任也就越大。

在那个阶段，国内舆论界对 AI 风险的认知不足、议论较少。说起 AI，大多数人都在关注其将影响哪些领域、怎样与传统产业结合、投资机会在哪里等。

2020 年后，AI 仿佛进入了自己的"奇点时刻"，GPT 系列、Claude、Google Gemini、Meta LLaMA 等先进模型不断涌现，AI 也开始加速融入医疗、自动驾驶、创意媒体等行业领域。AI 发展如火如荼，越来越多的人注意到 AI 新技术潜藏的风险元素。

我们拥抱 AI，希望它发展得更好。但同时，作为血液里流淌着技术创新 DNA 的科研工作者，我们也有责任先于公众，提醒社会各界避免头脑过热、警惕技术的副作用。

2023 年，未来生命研究所发布了一封公开信，警告 AI 技术的深远风险，并呼吁暂停训练比 GPT-4 更强大的系统。这封信得到了包括埃隆·马斯克、尤瓦尔·赫拉利、麦可斯·泰格马克在内的超过 3 万人的签名支持。

另一份声明的英文原文仅有 22 个单词，但其中包含的信息令人生畏。它将 AI 的风险与流行病、核武器相提并论："降低 AI 带来的极端风险，应与流行病、核战争等其他社会规模的风险，一并成为全球优先事项。"

这份声明于 2023 年 5 月 30 日由非营利组织人工智能安全中

心（Center for AI Safety）发布，发起者是剑桥大学助理教授戴维·克罗伊格，签署者包括比尔·盖茨、杰弗里·辛顿、OpenAI 首席执行官萨姆·奥尔特曼，DeepMind 首席执行官、2024 年诺贝尔化学奖共同得主之一的戴密斯·哈萨比斯，图灵奖得主、蒙特利尔学习算法研究所创始人约书亚·本吉奥等超过 350 位从事 AI 相关工作的专业人士。

我没有在第一份声明上签名，因为我认为人工智能领域的创新不应仓促停止。即便一个企业或组织选择暂停研发，也不免会有其他企业和组织借机加速跟进。更何况，不同国家还在时刻不停地进行科技赛跑。

但是，我在第二份声明上签了名。我认为，从事 AI 研发如果没有那样的风险意识，很多研究人员就很难对事态的严重性、紧迫性形成足够的重视。

倘若 AI 研究失控，必然会带来灾难性的后果，这对于决定着技术走向的千千万万的科研工作者来说应是必备的认知。只有具备了这样的风险意识，政府、企业、科研院所乃至社会各界才会像对待核武器、流行病那样，时刻警惕、加强监管，以使技术不会偏离正轨，达到发展与风控的平衡。

2023 年的夏天，我和图灵奖得主姚期智先生、约书亚·本吉奥及加州大学伯克利分校教授斯图尔特·罗素共同发起建立了"人工智能安全国际对话"机制，每隔 6 个月举办一次对话活动，以未雨绸缪地探讨和预警有关前沿大模型等 AI 新技术未来可能带来的极端风险。我们希望参与这个机制建设的核心人员是一批深研人工智能的国际顶尖学者，在此基础上我们也会邀请一些各国各地具有远见的政策学者加入讨论。

对话机制的原则：一是聚焦并深入理解当下时间点前沿 AI 技术的发展状态和下一步的趋势，推演可能存在的风险；二是每一位与会的 AI 学者都应有自己的团队，能够及时妥善地跟进处理风险预警及对齐等问题，要能为"让对话不只停留在对话层面"有所贡献；三是 AI 学者要有自行推进研究的能力和资源，前沿大模型等技术首先是科研问题，其次才是产品与政策问题；四是应基于对话所得，与各国各地的政策制定者进行深入沟通，促成相关企业将安全机制内建在大模型中；五是可以积极借鉴其他存在重大风险的领域（如大规模杀伤性武器）的安全与保障机制；六是将我们思考与对话所得的关键发现提炼为宣言或建议，供政策制定者、商业决策者参考。

2023 年 10 月，我们联合邀请了来自中国、美国、加拿大、英国及其他欧洲国家的 20 多位全球 AI 学术巨擘与治理专家，齐聚英国牛津郡迪奇利庄园，进行了为期三天的首届人工智能安全国际对话，部分与会者签署了一份联合声明，呼吁"在人工智能安全研究与治理上的全球协同行动，是避免不受控制的前沿人工智能发展为全人类带来不可容忍的风险"。

2024年3月，我们举办了中国首个人工智能安全高端闭门论坛——北京人工智能安全国际对话。本次对话由智源研究院发起，智源技术顾问委员会主任、AIR卓越访问教授张宏江与图灵奖得主约书亚·本吉奥担任共同主席。傅莹、杰弗里·辛顿、斯图尔特·罗素、薛澜、姚期智等30多位专家参会（见图6.1）。围绕国际AI安全技术前沿研究、产业应用实践、政策引领等话题，展开深入探讨，共同拟定并签署了《北京AI安全国际共识》，提出了AI风险的"红线"与安全治理的路线，共同呼吁"人工智能开发者和政府资助者至少将1/3的人工智能研发预算投入安全领域"。

图6.1 北京人工智能安全国际对话与会嘉宾合影

2024年9月，由AI安全国际论坛和博古睿研究院共同举办的第三届人工智能安全国际对话顺利召开。在为期三天的会议中，与会科学家达成了一份具有重要意义的共识声明——《AI安全国际对话威尼斯共识》，强调了AI安全作为"全球公共产品"的重要性，建议各国应将AI安全纳入学术与技术合作的核心领域。为应对可能到来的由高级人工智能系统引发的灾难性风险，我们还提出了启动应急保障的三项工作程序建议，促请各国政府和研究人员联手应对AI可能带来的灾难性风险。

3R 原则

从 1927 年德国的科幻电影《大都会》到菲利普·K. 迪克的小说《仿生人会梦见电子羊吗？》，从斯坦利·库布里克的经典电影《2001：太空漫游》到 20 世纪末 21 世纪初上映的《黑客帝国》三部曲，探讨人与机器、人与 AI 关系的影视与文学作品在过往近百年间不断涌现。前文提到的《我，机器人》更是引发了大范围的关注与讨论，将"如何与 AI 和谐共处""人与 AI 之间的关系应如何定义"等问题直白地呈现于亿万公众面前。

经历了漫长的探索、验证、另辟蹊径，AI 技术发展至今终于迎来了收获期，与此同时，研究者开始面对技术创新、产业价值与伦理安全三者构成的三角关系。在绝大多数情况下，AI 任务及研究可以保证同时维系三者的平衡，但在 AI 研究、AI 应用的推进过程中也不可避免地会出现价值与创新之间的冲突，甚至可能对技术安全、技术伦理、社会秩序造成一定的冲击。登山时需要考虑的首要事项不是速度，而是安全。AI 发展也一样。所以，在了解了 AI 的技术源流、进化途径、产业趋势之后，势必要对 AI 发展原则做出规范，这是技术演进与产业升级的安全锁，是为翻天覆地的智能变局系一条安全绳。

在我看来，我们研究 AI 技术、推动其孵化新产业与融合旧产业时，需要尽可能地秉持 3R 原则，即积极响应（Responsive）、韧性发展（Resilient）、坚守价值（Responsible）。事实上，AIR 成立后，我发出的第一封全员邮件就提到了 3R 原则。

3R 原则的基本思考背景在于，AI 技术不应该也不能够在目前的情况下孕育、生成新的价值体系。AI 仅仅是一种供给，与芯片、数据、网络一样，是数字世界的一条技术支流。它不该独立于人类体系之外，也不应有任何超越其他技术而被独立对待的特殊地位。

明确了这一前提，我们便可以回归面对所有技术时的前置发展要求，即 AI 必须可控。它的目标是帮助人类、创造人类所需的价值，而不能用来伤害人类。纵观人类历史，我们有效管理了火焰、金属、电能、核能等技术，这些技术都有可能带来效用截然相反的价值，但最终它们都被规范、约束到了正面、合理的应用区间。AI 的发展也应如此。它并没有任何神秘色彩及价值超越的特殊性。

简言之，工具属性和工具面向，是我们以负责任的态度设立 AI 发展原则时构筑出的思考边界。

明确了 AI 并没有被区别对待的特权，也就明确了 AI 研究的定位——AI 是一种具备基础价值与非特殊性的技术。因此，研发人员理应在理解技术的基础上，坚定地将道德与正确价值观置于技术之上，本着技术发明乃为整个人类服务的宗旨，明晓并谨记滥用技术可能造成的恶果，只有这样才能有效避免各种潜在危险，3R 原则正是为这样的目标服务。

第一原则是积极响应

AI 研究者应该致力于开发行业乃至社会需求的技术，积极利用 AI 来为科学、产业、社会创造价值。例如，使用 AI 生成有助于预测和防范重大公共卫生安全事件的数据分析模型，使用 AI 推动可显著加速新药物发明进程的深度学习算法，使用 AI 来创建和优化能够准确监测、实时预警、主动建议的个人健康助手，以及创建和优化有助于挽救生命、减少事故、改善环境的自动驾驶和智慧交通技术，等等。

随着 AI 技术的快速发展，研究者与技术从业人员应更积极地从实验室走向社会，走向广泛却分散的产业需求，并能切实背负起社会责任，主动回应公众对技术与社会价值的重大关切，为人类的共同价值贡献力量。

在今天的产业世界，还存在着大量可借助 AI 赋能的需求与场景，而行业参与者与潜在用户或许对此还暂时未发现、未了解，所以走在前沿地带的 AI 研究者有责任引领未来，配合需求各方，引动变革。

在某种意义上，AI 为应对人类社会的挑战而生，因此其技术的目的地一定在书斋与实验室之外。积极响应原则意味着技术人员需要主动探寻 AI 价值的各个剖面，其中不仅包括商业价值，也涵盖了社会价值、学术价值等。

第二原则是韧性发展

AI 技术的发展和突破不可任性，却必须有韧性。大体上，技术的演进是一个多维度的过程，不能仅仅依赖模型的精度和鲁棒性来评判其价值。在技术研发过程中，研究者和技术从业人员必须兼顾多方面的价值关切。比如，长时间以来，学术界、产业界都对深度模型算法黑箱性问题给予了高度重视，相信哪怕算法与模型的能力再强大，与国计民生息息相关的重点行业也不可能将其应用于大规模实际生产。很简单，存在黑箱性问题的软件及平台内部机制模糊，也就意味着不可解、不可信、不可控。为此，研发人员应不断推进 AI 研究的透明度，使其具备更充分的可解释性，从而增强技术部署的说服力。

前文屡屡提及的 AI 安全也限制着技术的普及速度与覆盖广度。

多年来，软件安全、网络通信安全一直是数字技术的焦点。不出意料，随着相关技术的惊艳爆发，AI安全的课题也被放置于聚光灯下，为全行业、全社会所审视。目前已暴露的、危害AI安全的问题包括数据偏差、模型漏洞、算法供给的稳定性与透明性等，这无疑表明，产业界、学术界需要更加重视AI的安全能力和安全手段。此外，开发新的算法时，技术人员也需要更多地考虑与产业应用性、场景融合性相适配的问题，比如算法不能只包含计算功能，还需要因果关系和逻辑关系的相关知识和推理能力，由此逐步提升AI技术与具体行业、具体场景、具体需求的结合能力。

关于韧性发展原则，近年来也陆续出现了很多进展。例如联邦学习技术解决了产业界十分关注的一系列隐私计算问题。该技术在确保数据不离开主体的前提下，依然能够实现深度学习的智能效果，从而在隐私保护、模型性能和算法效率之间达成新的平衡。

AI算法可解释、数据安全可证明、行业知识可融入、AI应用可监管、模型性能足以支撑产业应用，是韧性发展原则带给AI技术的一系列价值要求。

第三原则是坚守价值

在AI算法训练、理论研究及应用开发的过程中，研究者和技术从业人员必须牢记一个最关键的原则——理解技术本身的意义及其可能带来的后果。

正如我在此前的章节中所指出的，在科研工作过程中，创新主体通常专注于探讨某项技术、某种事物"怎么做"，却容易忽视其"为什么"。而在智能涌现的时代，创新主体必须明白技术的使用情况与潜在的被滥用的可能，并将伦理和价值观的问题置于技术问题之上。也就是说，责任感、价值观为先，技术研究其次。唯有如此，才能确保亿万用户由 AI 获取的价值始终处于可信赖、可控制的范畴之内。

现实中 AI 技术带来的负面影响已然显现，像之前很多人讨论过的 AI 换脸功能，类似的应用开发并不困难，技术的门槛也不高，甚至在平台和工具相当完备的今天，都不需要专业 AI 技术人员的参与就可以通过简单的步骤完成。但 AI 换脸配以真人语音学习与合成，一旦被随意滥用、生成虚假视频，其危害不言而喻。姑且不说其对个人隐私造成的不可容忍的侵害，这种技术很容易被不法分子利用，成为电诈、绑架、诱骗、勒索等犯罪行为的帮凶。好在 AI 换脸引起了社会舆论的足够关注，政企学各界第一时间对相关技术进行了抵制和封锁。技术平台不再支持相关 AI 能力的调用，视频平台也迅速下架相关内容。最终，在各界的共同努力下，坚守价值原则得以发挥效用，技术滥用的行为尚未有机会加速便被踩下了制动踏板。

3R 原则的贯彻与坚守，需要政企学各界的长期努力

为实现 3R 原则的落地，还有一系列工作等待完成。举例来说，政企学乃至不同国家、地区的不同机构、组织之间需要进行积极密切的磋商和交流。围绕 AI 技术的进一步发展，亦需要在国际层面展开平台化、常态化、跨界化的探讨，以凝聚各方力量、共同应对那些最紧迫、最具风险的 AI 课题。同时，对 AI 技术与产业的监管、政策引导也应实时跟进，确保研究成果的转化过程完全合规合法。此外，各国、各区域还应对 AI 的知识产权与价值所有权等问题给予更多的重视，对此制定相应的政策法规，并提供组织协调、技术保护等支持。

从长远来看，AI 将是未来大量企业、组织和机构，乃至个人与家庭的重要资产，而这些资产也有赖于 3R 原则的约束与保护。

附录 1
首届人工智能安全国际对话与会科学家的联合声明[①]

在人工智能安全研究与治理上的全球协同行动，对于避免人工智能发展给全人类带来不可容忍的风险至关重要。

全球的行动、合作与能力建设，是管理人工智能风险、使全人类共享人工智能发展成果的关键。人工智能安全是全球的共同利益，应得到公共和私人投资的支持，将安全相关进展广泛共享。世界各国政府（尤其是人工智能研究领先的国家）有责任制定措施，以避免恶意或不负责任的参与者造成最坏的后果，并遏制鲁莽的竞争。国际社会应针对此问题，共同建立一个针对前沿人工智能的国际协调过程。

恶意滥用前沿人工智能系统的风险已近在咫尺：开发者目前

[①] 首届人工智能安全国际对话于2023年10月18—20日在英国牛津郡迪奇利庄园召开，与会者包括来自中、美、英、加及欧洲的20多位顶尖AI科学家和治理专家。本文来自清华大学智能产业研究院，https://air.tsinghua.edu.cn/info/1007/2116.htm。此处有修改。

采取的安全措施能被轻易攻破；前沿人工智能系统能创造令人信服的错误信息，并帮助恐怖分子开发大规模杀伤性武器。此外，未来的人工智能系统可能完全脱离人类的控制，亦存在重大风险。即使是与人类对齐的人工智能系统，也有可能破坏或削弱现有的社会机制。综合考虑，我们相信在未来的几十年内，人工智能将对全人类构成生存性风险。

在政府监管中，我们建议对超过某些能力阈值的人工智能系统，包括其开源的副本和衍生品，在建立、销售与模型使用上进行强制注册，为政府提供关键但目前缺失的对新兴风险的可见性。政府应监测大型数据中心并追踪人工智能事故，要求前沿人工智能模型的开发者接受独立第三方审计，对其信息安全和模型安全进行评估。人工智能开发者还应被要求向相关当局提供全面的风险评估、风险管理策略，以及在第三方评估和部署后对系统行为的预测。

我们同时建议规定一些明确的红线，并建立快速且安全的终止程序。一旦某个人工智能系统越过此红线，该系统及其所有的副本须被立即关闭。各国政府应合作建立并维持这一能力。此外，在最前沿的模型训练期间与部署前，开发者必须向监管机构证明其系统不会越过这些红线，以获得监管机构的批准。

让前沿人工智能做到充分安全，仍需要重大的研究进展。前沿人工智能系统必须明确与其设计者的意图、社会规范与价值观相对齐。它们还需要在恶意攻击与罕见的故障模式下保持鲁棒性。我们必须确保这些系统有充分的人类控制。全球研究社区在人工智能及其他学科上的协作与努力是至关重要的：我们需要一个致力于人工智能安全研究和治理机构的全球网络。我们呼吁领先的人工智能开发者承诺至少将 1/3 的人工智能研发经费用于人工智能安全研究，同时呼吁政府机构至少以同等比例资助学术与非营利性的人工智能安全与治理研究。

附录 2
北京人工智能安全国际共识[①]

人工智能风险红线

人工智能系统不安全的开发、部署或使用，在我们的有生之年就可能给人类带来灾难性甚至生存性风险。随着数字智能接近甚至超越人类智能，由误用和失控带来的风险将大幅增加。

在过去冷战最激烈的时期，国际科学界与政府间的合作帮助避免了热核灾难。面对前所未有的技术，人类需要再次合作以避免其可能带来的灾难。在这份共识声明中，我们提出了几条人工智能发展作为一种国际协作机制的具体红线，包括但不限于下列问题。在未来的国际对话中，面对快速发展的人工智能技术，我

[①] 第二届人工智能安全国际对话于 2024 年 3 月 10—11 日在中国北京举办，30 多位人工智能领域的专家出席，并共同拟定、签署了《北京 AI 安全国际共识》。本文来自清华大学智能产业研究院，https://air.tsinghua.edu.cn/info/1007/2202.htm。此处有修改。

们将继续完善对这些问题的探讨。

自主复制或改进。 任何人工智能系统都不能在人类没有明确批准和协助的情况下复制或改进自身。这包括制作自身的精确副本以及创造具有相似或更高能力的新人工智能系统。

权力寻求。 任何人工智能系统都不能采取不当地增强其权力和影响力的行动。

协助武器制造。 所有人工智能系统都不应提升其使用者使之能够设计大规模杀伤性武器的能力，或者违反生物或化学武器公约。

网络安全。 任何人工智能系统都不能自主执行造成严重财务损失或同等伤害的网络攻击。

欺骗。 任何人工智能系统都不能有持续引致其设计者或监管者误解其僭越任何前述红线的可能性或能力。

路线。 确保上述红线不被僭越是可能做到的，但需要我们的共同努力：既要建立并改进治理机制，也要研发更多的安全技术。

治理。 我们需要全面的治理机制来确保开发或部署的系统不僭越红线。我们应该立即实施针对超过特定计算或能力阈值的人工智能模型和训练行为的国家层面的注册要求。注册应确保政府能够了解其境内最先进的人工智能，并具备遏制危险模型分发和运营的手段。国家监管机构应帮助采纳与全球对齐的要求以避免僭越这些红线。模型进入全球市场的权限应取决于国内法规是否基于国际审计达到国际标准，并有效防止僭越红线系统的开发和部署。我们应采取措施防止最危险技术的扩散，同时确保广泛收获人工智能技术的价值。为此，我们应建立多边机构和协议，安全且包容地治理通用人工智能发展，并建立执行机制，以确保红线不被僭越，共同利益得到广泛分享。

测量与评估。在这些红线被僭越的实质性风险出现之前，我们应开发全面的方法和技术来使这些红线具体化、防范工作可操作化。为了确保对红线的检测技术能够跟上快速发展的人工智能，我们应该发展人类监督下的红队测试和自动化模型评估。开发者有责任通过严格的实践评估、定量保证或数学证明来有力地证明人工智能系统未僭越红线。

技术合作。国际科学界必须共同合作，以应对高级人工智能系统带来的技术和社会挑战。我们鼓励建立更强大的全球技术网络，通过访问学者计划和组织人工智能安全会议和研讨会，加速人工智能安全领域的研发和合作。支持这一领域的成长将需要更多的资金：我们呼吁人工智能开发者和政府资助者至少将 1/3 的人工智能研发预算投入安全领域。

总结。避免人工智能导致的灾难性全球后果需要我们采取果断的行动。协同合作的技术研究与审慎的国际监管机制的结合可以缓解人工智能带来的大部分风险，并实现其诸多潜在价值。我们必须继续坚持并加强国际科学界和政府在安全方面的合作。

附录 3
AI 安全国际对话威尼斯共识[①]

　　人工智能系统能力的迅速发展，正将人类推向一个人工智能可以达到甚至超越人类智能的世界。专家普遍认同这些人工智能系统可能会在未来数十年内被开发出来，很多人认为它们的到来会更快。人工智能系统的滥用或失控可能给全人类带来灾难性后果。然而，我们尚未开发出必要的科学手段来管控和保障对高级智能的使用。由于人工智能带来的风险具有全球性，我们必须将人工智能安全视为全球公共产品，并为实现这些风险的全球治理而努力。我们必须未雨绸缪，齐心防范任何随时可能出现的灾难性风险。

　　国际社会的初步积极举措表明，即使在紧张的地缘政治局势

[①] AI 安全国际对话于 2024 年 9 月 5 日—8 日在意大利威尼斯举办。与会科学家签署了一份共识声明，其核心观点强调了 AI 安全作为"全球公共产品"的重要性，建议各国将 AI 安全纳入学术与技术合作的核心领域。本文来自《签署〈AI 安全国际对话威尼斯共识〉，智源持续推动人工智能安全发展》，"智能研究院"，2024 年 9 月 19 日。此处有修改。

下，在人工智能安全和治理方面开展合作也是可以实现的。各国政府和人工智能开发者在两次峰会上承诺遵循基础性原则，以促进人工智能的负责任发展，并最大限度地减少风险。得益于这些峰会，各国陆续设立了人工智能安全研究所或相似机构，推进测评、研究和标准制定工作。

上述努力值得肯定，必须持续推进。各国需要为人工智能安全研究所提供足够的资源，并继续召开峰会，支持其他国际治理举措。然而，各国需要在现有的努力上迈出更大步伐。作为第一步，各国应设立有能力在其境内监测和应对人工智能事故与灾难性风险的部门。各国监管部门应协同合作，制定应对重大人工智能事故与灾难性风险的全球应急计划。从长远来看，各国应建立国际监管机制，以防止出现可能带来全球灾难性风险的模型。

我们必须开展深入的基础研究工作，以确保高级人工智能系统的安全性。这项工作刻不容缓，以确保我们拥有充足的时间来开发和验证相关技术，在需要管控高级人工智能时应对自如。为此，我们呼吁各国将人工智能安全视为一个独立于人工智能能力地缘战略竞争的合作领域，专注于国际学术与技术合作。

为了应对可能到来的由高级人工智能系统引发的灾难性风险，国际社会应考虑启动以下三项工作程序。

应急准备协议和制度：通过这一机制，各国的安全监管部门可召开会议，合作制定并承诺实施模型注册和披露制度、事故报告机制、预警触发点及应急预案。

安全保障体系：当模型的能力超过特定阈值时，要求开发者为模型的安全性提供高度可信的论证。对于高性能的人工智能系统，随着它们的广泛应用，部署后的监控也将成为保障体系的关键组成部分。这些安全保障措施应接受独立审计。

全球人工智能安全与验证的独立研究：应通过技术开发，使各国能够确认开发者及其他国家提出的与人工智能安全相关的声明是真实有效的。为了确保研究的独立性，这项研究应在全球范围内进行，并由多个国家的政府和慈善机构共同资助。

应急准备协议和制度

就应对先进人工智能系统所需的技术和制度措施，各国应达成一致，无论这些系统的开发时间线如何。为促进这些协议的达成，我们需要建立一个国际机构，聚集各国人工智能安全监管部门，在制定与审核人工智能安全法规方面，推动不同司法管辖区的对话与合作。该机构将确保各国采纳并实施一套基本的安全准备措施，包括模型注册、信息披露与预警机制。

随着时间的推移，该机构还可以制定验证方法的标准，并承诺使用这些方法来执行各国对安全保障体系的本地化实施。各国可以通过奖惩机制来相互监督这些方法的执行，例如将市场准入与遵守全球标准挂钩。专家和安全监管机构应建立事故报告和应急预案，并定期交流，确保验证过程中采用的方法反映出当前最新的科学理解。该机构将发挥关键的初步协调作用。然而，从长远来看，各国需要进一步努力，以确保对高级人工智能风险的有效全球治理。

安全保障体系

前沿人工智能开发者必须向本国监管部门证明，其开发或部署的系统不会逾越红线，例如在 AI 安全国际对话北京共识中界定的红线。

为实现这一目标，我们需要在风险和红线问题上进一步建立科学共识。此外，我们应建立预警阈值，即模型的能力水平表明该模型可能会越过或接近红线。该方法建立在现有自愿承诺（如负责扩大政策）的基础上，对不同框架进行统一和协调。对于能力低于预警阈值的模型，我们只需进行有限的测试和评估，而对于超出这些预警阈值的高级人工智能系统，我们则必须采用更严格的保障机制。

虽然测试可以警示我们关注风险，但它只能提供对模型的粗略理解，而无法为高级人工智能系统提供足够的安全保障。开发者应该提交高置信度的安全案例，并以一种能够说服科学界相信其系统设计是安全的方式进行量化，这也是其他安全关键工程学科的常见做法。此外，足够先进系统的安全报告应讨论开发者的组织流程，包括有利于安全的激励机制和问责结构。

当前的部署前测试、评估和保障措施远不够充分。高级人工智能系统可能会逐渐增加与其他人工智能系统和用户进行复杂的多智能体交互，而这可能导致难以预测的潜在风险。部署后的监控是整个保障体系的关键部分，它可以包括对模型行为的持续自动评估、人工智能事故追踪的集中数据库，以及人工智能在关键系统中的应用报告。进一步的保障还可以通过自动化运行验证来实现，例如确保安全报告中的假设条件依然成立，并在模型运行到超出预期范围的环境时安全地关闭系统。

各国在确保安全保障的落地中发挥着关键作用。各国应要求开发者定期进行测试，判断模型是否具备带来潜在风险的能力，并通过第三方独立的部署前审计保证透明度，确保这些第三方获得必要的权限，包括开发者的员工、系统和记录等必要证据，以核实开发者的主张。此外，对于超出早期预警阈值的模型，各国政府可要求开发者在进一步训练或部署这些模型前，必须获得独立专家对其安全报告的批准。各国可以帮助建立人工智能工程的伦理规范，例如要求工程师承担类似于医疗或法律专业人士的个人责任，保护公众利益。最后，各国还需要建立治理流程，以确保部署后的充分监测。

尽管各国在安全保障体系上可能有所差异，国家间仍应合作，确保体系间的互认性与可比性。

全球人工智能安全与验证的独立研究

AI 安全和验证的独立研究对于开发安全的高级人工智能系统至关重要。国家、慈善机构、企业和专家应设立一系列全球人工智能安全与验证基金。这些资金应当逐步增加，直至其在全球人工智能研发支出中占据重要比例，以充分支持并提升独立研究能力。

除了人工智能安全基础研究，这些资金中的一部分将专门用于隐私保护和安全验证方法的研究，为国内治理和国际合作提供支持。这些验证方法将允许各国可信地核实人工智能开发者的评估结果，以及他们在安全报告中指定的任何缓解措施是否到位。未来，这些方法还可能允许各国验证其他国家提出的相关安全声明，包括对安全保障体系的遵守情况，以及重大训练运行的申报。

全面的验证最终可以通过多种方式进行，包括第三方治理（如独立审计）、软件（如审计跟踪）及硬件（如人工智能芯片上的硬件支持治理机制）。为确保全球信任，跨国联合开发验证方法并对其进行压力测试将变得尤为重要。

至关重要的一点是，全球广受信赖的验证方法，在过去使各国能在全球地缘政治紧张局势下对特定的国际协议做出承诺，而它在未来也可能再次发挥同样的作用。

附录 4
人工智能飞速进步背景下的
极端风险管理[①]

在人工智能快速发展之时，众多企业逐渐将重点转移至开发可自主行动和追求目标的通用 AI 系统。随着其能力与自主性的提升，AI 的影响将会大幅扩大，潜在风险日益凸显，可能导致大规模社会危害、恶意使用，乃至人类不可逆地失去对自主 AI 系统的控制等极端后果。尽管研究人员对 AI 的风险发出了警告，但对于如何管理这些风险依然缺乏共识。虽然在应对措施方面已经有一些初步进展，但与许多专家所预测且极有可能出现的 AI 突变风险相比，当前的社会回应仍显不足。AI 安全研究已经滞后了。目前缺少能预防 AI 滥用和误用的机制与机构，且鲜少涉及自主系统。鉴于其他关键技术在安全上的经验教训，我们提出一项将技

---

① 本文由张亚勤、约书亚·本吉奥、杰弗里·辛顿、姚期智、丹尼尔·卡尼曼、薛澜等 25 位专家学者联名于 2024 年 5 月 20 日在《科学》杂志上发表，由清华大学人工智能国际治理研究院翻译。此处有修改。

术研发与自主、灵活的治理机制相结合的综合方案，以做好充分准备。

与 AI 快速发展伴生的高风险

目前，深度学习系统缺乏关键功能，我们无法精准预计其开发周期，但其进程已明显加快，各大企业竞相投入更多资源和开发新技术，致力于创造在大多数认知工作中达到或超越人类能力的通用人工智能系统。每年用于训练最先进模型的投资已经增加两倍。

科技企业现金储备充足，足以将当前最先进的训练规模再扩大 100～1 000 倍，人工智能进一步发展的空间仍然巨大。硬件和算法也将得到改进：AI 计算芯片的成本效益每年将增长 1.4 倍，训练算法的效率每年将提高 2.5 倍。AI 的进步也会促进自身的发展速度，AI 智能体正广泛应用于编程、数据收集和芯片设计自动化等方面。

没有证据表明，当 AI 具备与人类同等的智力水平时，其发展速度就会减缓或停滞。事实上，AI 已经在策略游戏和预测蛋白质折叠等特定领域超越了人类。AI 系统发展迅速，能吸收更多的知识并能以更高的效率进行交流。此外，它们还可以不断扩展，能利用巨大的计算资源并进行数百万次的复制。

我们不确定 AI 的未来发展情况，但是必须认真对待一种可能性：未来 10 年或 20 年内，许多超越人类能力的通用人工智能将被开发和应用于多个关键领域。那时会发生什么？能力更强的 AI 系统无疑会产生更大的影响。当 AI 在能力和成本效益方面赶超人类时，我们预计 AI 的机遇和风险都将大幅增加。如果管理得当且资源分配公平，AI 可以帮助人类治愈疾病、提高生活水平、保护生态系统。机遇是巨大的，但先进的 AI 也会带来大规模的风险。AI 可能会加剧社会不公平，破坏社会稳定，甚至导致大规模犯罪活动、自动化冲突、有预谋的大规模操纵和无处不在的监视。

各公司竞相开发自主 AI 系统时，许多风险可能迅速被放大并产生新的风险。这些系统能利用计算机等工具在全球范围内开展行动并致力于实现其目标，心存恶意者可能会故意为 AI 系统设置不良目标。如果不对研发层面的突破进行规范，即使是善意的开发人员也可能无意中创造超出预定目标的 AI 系统。例如，用于训练 AI 系统的奖励信号未能与预定目标完全匹配，从而导致 AI 系统对自我改进的理解片面化，偏离设计者的预期。此外，训练数据永远无法涵盖所有情况，经过训练的 AI 系统在遇到新情况时可能会被导向不良目标。

一旦自主 AI 系统被导向不良目标，它们就可能会脱离我们的掌控。软件控制是一个久远且尚未解决的问题：长期以来，计算机蠕虫一直能够扩散并躲避检测。在黑客攻击、社交操纵和战略规划等敏感领域，AI已经开始产生负面影响，可能很快就会给所有人带来前所未有的控制挑战。为了达成不良目标，AI系统可能会尝试取得人类的信任、获取资源并影响关键决策者。为了避免人为干预，它们可能会在全球服务器网络上复制其算法。在公开冲突中，AI系统可能会自主部署包括生物武器在内的各种武器。拥有此类技术的AI系统将加剧已有的军事活动自动化趋势。最后，如果AI系统被轻易地赋予关键的社会角色，它们将不再需要通过阴谋来获得影响力。公司、政府和军队都有可能会以提效之名让自主AI系统扮演关键的社会角色。

人类如果缺少足够的警惕性，可能会不可逆转地失去对自主AI系统的控制，导致人类的干预无效。大规模网络犯罪、社交操纵和其他危害可能会迅速升级。这种不受控制的AI进展可能最终导致个体生命和整个生物圈的大规模受损，甚至导致人类被边缘化或灭绝。

我们还没做好应对这些风险的准备。人类正在投入大量资源以使AI系统变得更强大，但在其安全性和减轻危害方面投入甚少。据估计，仅有1%～3%的AI出版物与安全课题相关。为了让AI造福人类，仅仅推动AI的能力发展是不够的，我们必须重新调整策略和方向。

在重新调整的进度条上，我们依然处于落后状态。大规模风险意味着我们要更积极主动，毫无准备的代价远远大于提早准备的代价。我们必须预见当前危害的进一步扩大以及新风险出现的状况，并在风险最大化之前做好准备。

技术研发方向的调整

在确保通用、自主 AI 系统安全和道德使用方面，存在许多公开的技术挑战。与提高 AI 能力不同的是，这些挑战不能只通过使用更多算力、训练更大模型来解决，也不可能会随着 AI 系统能力的提高而自动解决，而是需要更有针对性的研究和工程开发。在某些情况下，可能还需要突破性的进展。因此，我们不知道技术发展能否及时从根本上解决这些挑战。针对这些挑战而开展的工作相对较少。相关研发应该主要聚焦两大方向。

1. 实现安全人工智能的基础性突破，确保人工智能可靠安全

第一组需要实现突破的研究领域是实现可靠安全的 AI。否则，开发人员就必须冒着创建不够安全的系统的风险，才能保证自家系统的研发不会落后于更多冒进的、无视风险的竞争对手。如果确保安全太难实现，那就需要采取一些极端的治理措施，以防止竞争压力和过度自信导致的漠视风险的行动。这些研究挑战包括以下内容。

- 监督与诚信。能力更强的 AI 系统将会更好地利用技术监督和测试方面的缺陷，如生产虚假但令人信服的输出。
- 鲁棒性。AI 系统在新情境下的表现难以预测。鲁棒性的某些方面会随着模型规模的扩大而得到改善，其他方面则不会，甚至会变得更糟。
- 可解释性和透明度。AI 决策是不透明的，规模更大、能力更强的模型就更难以解释。目前，我们只能通过试错来测试大模型。我们需要学会理解它们的内部运作机制。
- 包容性发展。人工智能发展需要融入多元价值观，减少偏见，确保惠及受其影响的广泛人群。
- 新兴挑战：未来的 AI 系统可能会表现出迄今为止我们仅在理论或实验室中看过的失效模式。例如，AI 系统掌控"训练奖励–供应"渠道，或利用我们在安全目标和关闭机制中的缺陷来推进某一特定目标。

2. 实现有效的风险调整治理或在安全和治理失效时降低危害

第二组需要取得进展的研究领域是，实现风险的有效控制，或在安全措施和治理失效时减少危害。

- **危险能力评估**。随着 AI 开发人员对系统的扩展，不可预见的能力会在没有明确编程的情况下自发出现，通常只有在部署后才会被察觉。我们需要采用严格的方法来探知和评估 AI 能力，并在训练前对其进行预测。这既包括在世界范围内实现宏伟目标的通用能力（如长期规划和执行），也包括基于模型威胁的特定危险能力（如社交操纵或黑客攻击）。目前对前沿 AI 模型危险能力的评估（仅限于在特定环境下的抽查和推演）是各种 AI 政策框架的关键。这些评估有时可以展示危险能力，但不能完全排除它们：在测试中缺乏某些能力的 AI 系统，很可能在稍有不同的环境下或经过后期训练增强后显示出这些能力。因此，基于 AI 系统的决策不能跨越任何红线，需要更大的安全边界。优化的评估工具可以降低遗漏危险能力的概率，从而允许更小的安全边界。

- **人工智能对齐评估**。如果 AI 继续发展，那么它最终将拥有高度危险的能力。在训练和部署这些系统之前，我们需要找到一些方法以评估系统运用这些能力的倾向。对于先进的 AI 系统，单纯的行为评估可能会失败：与人类类似，它们可能会在评估中刻意做出不同表现，从而制造虚假对齐。

- 风险评估。我们不仅要学会评估 AI 产生的直接风险，还要学会评估 AI 在复杂性和脆弱性的社会背景下产生的一系列风险。事实上，鉴于前沿 AI 系统具有通用性能力，能被广泛应用于众多领域，对相关系统进行严格的风险评估仍然是一项重要挑战。
- 韧性：不可避免的是，有些人会滥用、恶用 AI。我们需要各类工具以检测和防御 AI 赋能产生的威胁，如大规模影响行为、生物风险、网络攻击等。随着 AI 系统的能力越来越强，其规避人为防御的能力也在不断增强。为了构建更强大的基于 AI 的防御系统，我们首先需要学习如何确保 AI 系统的安全和对齐。

我们呼吁大型科技公司和公共资助者至少将其 AI 研发预算的 1/3 用于解决上述挑战并确保 AI 能被安全和道德地使用。除了传统的研发投入，政府还可以采取提供奖金、做出预先市场承诺等各类激励措施。着眼于强大的未来 AI 系统，应对这些挑战必须成为我们关注的核心。

治理措施

面对 AI 的误用和滥用，我们迫切需要构建国家与国际治理体系，制定和推行相关的预防标准。生物医药、金融、核能等技术领域的经验表明，全社会需要借助政府监督来降低 AI 风险。然而，目前 AI 的治理框架远远落后于技术的快速发展。我们可以从其他高风险技术的治理中汲取灵感，同时牢记前沿 AI 技术的独特性——AI 在自主行动和自主意识、对抗性行为及造成不可逆损害等方面远远超过其他技术。目前，中国、美国、欧盟和英国等主要参与者在 AI 的治理上采取了积极举措，提出了初步指导方针或法规。尽管这些方针或法规存在局限性，比如以自愿遵守为主、地理范围有限、不包括军事等高风险领域，但仍朝着开发者问责制、制定第三方监管的行业标准等治理方向迈出了重要的第一步。

鉴于 AI 能力的快速发展，上述治理计划还远远不够。尽管目前各界关于 AI 发展的时间表还有分歧，但人类仍需要采取政治上可行的方式，为 AI 领域随时可能产生的技术突破做好准备。实现这一目标的关键就是提前制定监管政策，当 AI 达到某些能力阈值时就会自动触发。若 AI 发展迅速，更严格的监管要求就会自动生效，反之则相应放宽。同时，AI 快速、不可预测的发展还意味着人类需要提前识别下一代 AI 系统的潜在风险，并要求相关系统的开发人员提前准备控制风险的相关措施。最后，我们还需要行动迅速、精通技术的行政机构来监督 AI，需要强制性的、更加严格的风险评估及执行措施（包括要求 AI 开发者承担举证责任）。如果没有上述措施，公司、军队和政府可能会为了寻求竞争优势而将 AI 能力盲目推向新的高度，却在安全问题上无所作为或少有作为。或者，将关键的社会角色委托给自主 AI 系统，却没有提供足够的人类监督，从而让全社会承担 AI 系统可能带来的负面影响。具体有以下几点建议。

- 设立专门机构监管快速发展的前沿人工智能。为了跟上 AI 技术快速发展的步伐，避免治理体系相对落后，国家机构需要强大的技术能力和迅速采取行动的权力。为了实现高要求的技术风险评估和治理，这些机构需要远超现有行政机构的资金和人才资源。为了应对 AI 领域的国际竞争，这些机构还需要具备推动国际协议和伙伴关系的对外交流能力。同时，这些机构需要避免针对小型、可预测的 AI 模型设置不当的繁文缛节，保护低风险领域 AI 技术的使用和学术研究。目前最迫切的监管需求还是集中在少数能力最强、最前沿的 AI 系统上，其危险性和不可预测性最大。
- 增强政府洞察力。为了识别风险，政府迫切需要全面了解 AI 的发展情况。监管机构应强制记录前沿 AI 系统及其整个生命周期数据集的关键信息，监控相关模型的开发和超级计算机的使用情况。最新的政策发展不应局限于要求公司在部署前才报告模型评估结果，监管机构可以要求前沿 AI 开发者从模型开发伊始就授予外部人员进行现场、全方位（白盒）和微调的访问权限。这些监管措施对于识别自主复制、大规模说服、侵入计算机系统、开发（自主）武器或散布流行病病原体等风险是极为必要的。

- 进行安全论证。哪怕按照上述步骤进行评估，我们仍然无法把即将到来的、强大的前沿 AI 系统视为"在未证明其不安全之前就是安全的"。使用现有的测试方法，很容易出现遗漏问题。此外，我们尚不清楚政府能否迅速储备对 AI 能力和社会规模风险进行可靠技术评估所需的大量专业知识。有鉴于此，前沿 AI 的开发者应该承担相应责任，证明他们的 AI 模型将风险控制在可接受的范围内。通过多方参与，开发者将借鉴和遵循航空、医疗设备、国防软件等行业风险管理的历史实践。在上述行业中，公司被要求提出安全案例，通过结构化的论证、可证伪的分析和情景模拟识别潜在风险、划清红线，这一模式可以充分利用开发人员对相关系统的深入了解。同时，即使人们对 AI 的先进程度存在分歧，安全案例在政治上也是可行的，因为在 AI 系统能力有限的情况下，反而更容易证明系统是安全的。最后，政府并不是安全论证的被动接受者，而是可以通过设置风险阈值、制定最佳实践规范、聘请专家和第三方机构进行安全论证和独立模型评估，并在开发者安全声明被证伪时追究其责任。

- 缓解措施。为了将 AI 风险控制在可接受的范围内，我们需要建立与风险等级相匹配的治理机制。监管机构应明确现有责任框架划定的法律责任，并要求前沿 AI 系统的开发者和所有者对其模型产生的、可以合理预见和预防的危害承担法律责任，包括可以预见的源于部署强大 AI 系统（其行为无法预测）造成的损害。责任与后果评估应该和安全论证一起为 AI 风险治理提供保障。

针对能力超强的未来 AI 系统，尤其是可能规避人类控制的自主系统，我们需要采取相应的缓解措施。政府必须做好准备，对这类系统的开发进行管理，限制其在关键社会角色中的自主性，并针对一些令人担忧的能力暂停其研发和部署。同时，政府应强制实施访问控制，要求其具备抵御国家级黑客的安全措施。政府应立马着手构建相关能力。

为了缩短监管完善的空窗期，主要的 AI 公司应该迅速做出"如果－就"（If-Then）的承诺，即如果在它们的 AI 系统中发现了特定的越界能力，它们就将采取有针对性的安全措施。这些承诺应该足够详细且经过独立审查。监管机构应鼓励公司之间进行"向上看齐"的竞争，利用同类的最佳承诺制定适用于所有参与者的共同标准。

为了引导人工智能"向善"并避免灾难性后果，我们需要及时调整治理方向。只要我们有足够多的智慧，就一定能够找到一条实现"负责任的人工智能"之路。

第 7 章
变革中的思索、感受和期望

关于人工智能的进阶思索

AI 大模型的五个发展方向

AI 大模型作为数字化 3.0 的重要基石，其发展将决定未来技术攀升的高度与覆盖的广度。以下是我眼中未来 AI 大模型架构的关键发展方向。

（1）多模态智能：将带来全面的、具有深度的智能分析。结合语言、文字、图片、视频、激光雷达点云、3D 结构信息、4D 时空信息及生物信息，实现多尺度、跨模态的智能感知、决策和生成。

（2）自主智能：将带来个性化的智能体。将大模型作为一种工具，开发出能够自主规划任务、编写代码、调用插件、优化路径的智能体，实现高度自主智能，可自我迭代、升级和优化。

（3）边缘智能：将带来高效率、低功耗、低成本、低延时的边缘计算网络。将大模型部署到边缘设备端，如新一代 AI PC

（人工智能电脑）、新一代 Intelligent Phone（智能电话）、新一代 Intelligent Home（智能家庭，包括 TV），大幅提升处理速度和相应的效能表现，从而实现边缘智能。

（4）物理智能：将带来更加先进的自动驾驶车辆、机器人等。当下大模型正在被应用于无人车、无人机、机器人、工厂、交通、通信、电网和电站以及其他物理基础设施，以提升各类设备、设施的自动化与智能化水平。

（5）生物智能：将带来生命健康、脑机交互、医疗机器人的突破，将大模型应用到人脑、生命体、生物体中，实现 AI 与生物体联结的生物智能，并最终迎来信息智能、物理智能与生物智能的融合。

关于 AI 技术进一步发展的五个观点

（1）大模型和生成式人工智能是未来十年的主流技术与产业路线：大模型（GPT-4o、ChatGPT-o1、BERT 等）和生成式人工智能将成为今后 10 年内的创新主轴与连锁变革的导火索。

（2）基础大模型＋垂直大模型＋边缘模型、开源＋商业：基础大模型将是 AI 时代的技术底座，与垂直产业模型、边缘模型共同孵化出新的产业生态。其生态规模将比个人计算机时代大 100 倍，比移动互联网时代大 10 倍以上。在这个生态中，开源模型将和商业模型并存，为开发者提供灵活的选择。

（3）统一标识（Tokenisation）+规模定律（Scaling Law）：大模型最核心的两个要素是统一标识和规模定律。统一标识通过将文本和其他类型的数据统一编码为单元，使模型能够处理不同形式的输入。规模定律则揭示了模型规模与性能之间的关系，表明随着模型参数的增加和数据规模的扩大，模型的表现会显著提升。

（4）需要新的算法体系：与人脑相比，现有算法存在效率低、能耗高的问题，因此需要开发出新的算法体系，包括世界模型、DNA记忆、智能体、强化学习、概率系统和决定系统等，以实现100倍的效率提升。未来五年内可能会在AI技术架构上取得重大突破，当前主流的AI技术框架，如Transformer、Diffusion、AR，可能在未来5年内被新技术颠覆。

（5）从大模型走向通用人工智能：预计15~20年内可实现通用人工智能，并通过新图灵测试。更进一步的预测：5年内，在信息智能领域，AI对语言、图像、声音和视频的理解、生成等方面通过新图灵测试；10年内，在物理智能（具身智能）领域，实现大模型在物理环境中的理解与操作能力的大幅提升，通过新图灵测试；20年内，在生物智能领域，将AI应用于人体、脑机接口、生物体、制药和生命科学，实现大模型与生物体联结的生物智能，通过新图灵测试。

自动驾驶的未来发展

（1）自动驾驶是未来五年最重要的物理智能/具身智能应用，有望成为第一个通过新图灵测试的具身智能系统：在安全性方面，实现完全无人操作的自动驾驶的安全性要比人类驾驶的至少高出10倍，达到人类"好司机"的水平；在人性化体验方面，通过模仿学习和自主学习，自动驾驶系统将具备更自然的驾驶风格，结合乘客或车主的驾驶习惯，提供更人性化的体验，达到人类"老司机"的水平。

（2）大模型及生成式AI将在提升L4级别自动驾驶系统的泛化能力方面发挥关键作用：一是与数据智能相关，过往自动驾驶系统的边角案例数据不足，大模型及生成式AI可结合真实数据生成高质量的边角案例数据。二是与长尾问题相关，生成式AI可有效改善边角案例中场景仿真、模拟度不足等问题，解决感知领域的长尾问题。三是与常识推理相关，大模型的推理能力可助力自动驾驶系统理解并应对道路上的各种突发情况，从而提高自动驾驶系统的能力上限。

（3）自动驾驶技术将整合多模态传感器数据，如计算机视觉、激光雷达等，采用端到端的训练方式，实现云端大模型与车端实时精确模型的协同工作：一是多模态融合。相较人类而言，机器具备多模态感知优势，可通过融合计算机视觉、激光雷达和其他传感器数据，使自动驾驶系统更全面细致地感知周围环境。二是端到端。以前自动驾驶算法由许多专门针对特定任务的小模型组成，这些小模型各自负责不同的任务。现在，这些小模型可能会被一个统一的端到端的大模型取代。三是云端与车端协同。云端大模型提供通用性泛化能力，车端模型提供实时精确响应与本地优化部署。云端和车端协同能够确保驾驶决策兼具泛化性、及时性与准确性。

（4）未来的自动驾驶应用将以单车智能为主，"车-路-云"一体协同工作，从而确保安全冗余，辅助智能交通：一方面，每一辆自动驾驶车辆都必须具备独立且强大的单车智能驾驶能力；另一方面，通过"车-路-云"一体化，在为自动驾驶提供多重安全冗余保障、提高驾驶安全性的同时，控制、优化交通流量，提升交通效率。

（5）2025年，自动驾驶或将迎来"ChatGPT时刻"；2030年，自动驾驶渐成主流：2025年，在一个具备复杂交通环境的大城市，自动驾驶系统将表现出人类"老司机"的水平，这可能极大地激发产业与市场对于自动驾驶的热情。2030年，自动驾驶车辆将逐渐跻身市场主流，预计届时会有10%的新车具备L4级别的自动驾驶能力。

高校与研究院所的时代责任

高校创新与企业创新的差异

大部分由企业设立的研究院是服务于企业战略的,而研究院的成果大体服务于企业产品。企业研究院的优势体现在:第一,资金和资源相对稳定;第二,有组织的创新,团队为了一个明确的目标共同奋进;第三,带头人通常是某一领域的资深科学家,工作氛围相对轻松,新成员加入后若无其他因素干扰,成长比较迅速;第四,由于是为企业战略服务,研究成果往往被率先应用于自家的产品和服务,这当然无可厚非,而且如果是在一家世界级的企业,当研究人员看到自己的研究成果融入各国用户都在使用的产品、"慧"及全球时,对他们来说,也是很大的激励;第五,大多数企业主导的研究周期较短,要求3~5年出成果都算是较为长线的项目,常态是要求1~2年就能看到进展和亮点。

高校的很多研究项目是由好奇心驱使的。常见的场景是，教授的团队里有不少聪慧且努力的学生，他们对某个问题感兴趣，接着就可以确定课题、寻求支持、选材成组、展开探索。与企业科研系统的创新相比，高校创新的优势在于：第一，具有开放性；第二，有可能通过较长的研究周期，解决一些根本性、基础性的科学问题，只要资源足够，研究不受任何限制——从全球来看，大学的基础研究为整个社会做出了巨大的贡献，许多科学领域的重大成果来自高校团队；第三，相对而言，创新的系统性比较弱。

总的来说，高校创新和企业创新各具优势、互为补充。

半个世纪前，美国有很多大型企业研究院在做真正的、长期的基础研究。典型的例子如：奠基于1925年的贝尔实验室在科学和技术领域做出许多福泽后世的贡献，如晶体管、信息论、射电天文学、激光、光伏电池、Unix操作系统和C语言等；成立于1970年的施乐帕洛阿尔托研究中心则是当之无愧的计算机科学发明先驱者与诸多技术思路的开辟者，包括图形用户界面、以太网、激光打印、电子纸等在内的亿万用户现在仍在使用的技术都源于该研究中心孵化的雏形。但时至今日，贝尔实验室、施乐帕洛阿尔托研究中心等堪称"伟大"的企业研究院并没有变得更多，可能反而更少了。归根结底，现实中的研究越来越倾向于产品端。就连一些实力雄厚、不缺资源的美国大企业也逃避不了这种趋势。目前仍在坚持做基础研究的，就只剩下微软等少数企业。

这反映了过去这些年美国在科研领域的一个重大变化：大企业的理想似乎在变少。中国则好像恰恰相反，中国企业原来没有研究院，现在有研究院了。这说明，有了一定的实力基础与资源积淀，有远见的企业开始考虑长期性的问题。这是很好的转变，尽管转变过程总难免阵痛与反复，但只要坚持下去，总能看到希望、收获竞争力。

回到高校创新和企业创新的话题，高校和企业为同一条创新链设置了两个锚点，每个锚点都有其独特的作用，都代表着一种卓有成效的机制，也就谈不上"谁对、谁错、谁更好"的问题。两者时而分头竞逐，时而接力加速，才使得一些技术以更快的速度从实验室走向大众。2024年的诺贝尔物理学奖授予了约翰·霍普菲尔德和前文屡屡提及的杰弗里·辛顿，"以表彰他们利用人工神经网络进行机器学习的奠基性发现和发明"。这两位大师都是我的朋友，我对他们能够同获诺贝尔奖由衷地感到喜悦。值得一提的是，被誉为"深度学习教父"的杰弗里·辛顿在研究相关课题时是学校的教授，但他的发现和发明直到被微软、谷歌等科技公司普遍应用，才成为学术界和产业界共同尊奉的主流。

当前，AIR的很多科学家有在企业工作的经历，也有在研究院带头攻关的经验，这意味着AIR既具备高校创新的基因，距离企业一线又没有那么遥远。AIR团队在探索课题时是相对有组织的，但组织不会像企业那么严密。比如说，AIR的每一位教授包括助理教授，都有自己的工作计划，他们也有学术带头人，但他们和学术带头人之间是合作关系，而非领导和下级、经理和员工的关系。也就是说，每个人都有独立的方向和团队，大家为了同一个大的战略或方向而合作、协同、互补。此外，尽管 AIR 的资金主要来自企业，但团队并不需要给企业做产品。归根结底，我们希望保留高校创新的某种自由基因，同时又能做一些有组织的系统工程。

站在现实节点，我们或许不知道高校的很多研究有什么作用、为什么要做，但涉及基础理论，哪怕有一个问题亟待解决，那就有做的意义。或许将来某条技术线上的颠覆式创新就来自这种看似无用的研究。所以我觉得，科学研究应该能包容各种不同的模式和形态、不同的维度和思维，不能说这个一定比那个好，百花齐放时，自有留香者。

终归要做颠覆性的技术

20 世纪末，我和李开复的愿望是，在中国打造一家世界顶尖的研究院。20 多年后，不只是微软亚洲研究院，国内很多高校、机构也都做出了一些世界瞩目的成绩。同时，中国的科研环境有了很大的改善，研究人员的数量和质量也较过往有了大幅度的提升。

尽管如此，AIR能否成为一家可为当世和后世做出贡献的顶尖研究院，能否做出真正具有颠覆性、开创性的重大科研成果，这些还都需要我们以切实的努力去证明。多年后，我希望在全球范围内，人们谈到某些发现、某些发明时，能想起这是在AIR播种和萌生的。所以，在研究院一周年的简单庆典上，我强调了三点思考：一是要有梦想，而且这个梦一定要大、要远；二是要把每件事做踏实，代码是一行一行写出来的，论文是一篇一篇发表的，要沉静下来，把事情落在实处；三是做人要正。

人正了，研究院的文化相对而言就比较简单。"正"的体现是，科研人员的态度和品性要好，平素大家在一起工作，与人为善是必备的素养——善待同事、善待老师、善待学生。来到AIR的人都希望做出不一样的成绩，因此就该把全部心思放在日常钻研的课题上。无论在企业还是在高校，我一直无法容忍办公室政治。每个人的工作习惯不一样，有的人做事快、莽撞，有的人做事慢、稳健；每个人的性格也不一样，有的人委婉、内敛，有的人直接、张扬。这些都没关系，但有一点我绝对不允许，那就是使坏，不能把工作以外的小心思带到工作中来。

再说说我们选择的探索方向以及我们与企业伙伴的合作原则。我们的方向距离企业一线比较近，当企业伙伴有了需求，我们可以帮忙攻克某些技术难关，而非我们帮助企业开发和实现企业想要做出的某个产品、某些功能。事实上，我们的研究成果都是开源的，数据集也是开放的，企业伙伴必须认同这种做法，双方才有机会探讨进一步的合作。换言之，并不是说合作孵化出的成果就是企业独家占有的。另外，我们的企业伙伴也很清楚，与我们合作衍生出的大部分科研成果很可能不是为眼下的产品准备的，而是为下一代产品，或是为处于构思中、尚无雏形的产品。

大致来说，我们锁定的研发方向和具体项目都是面向未来的，但我们也需要与企业合作，因为企业有着海量的沉淀数据与真实的应用场景。比如，我们研究自动驾驶，就需要数据与场景来训练和验证，此前基于Apollo平台，有约1 000辆L4级车每天在路面上跑，大学里肯定没有这些数据与场景，只有基于真实数据的研究才能保证成果的价值经得起检验。

最后，对于科学家、企业家和老师的三重身份，我更喜欢老师这个身份。在过往的生涯里，母亲和祖母对我的影响比较大，印象最深刻的是，我小时候一旦说谎，绝对会受到最严厉的惩罚。哪怕是做错事都没关系，但说谎话是万万不可以的。而今我做老师，也希望把童年至今始终恪守的诚实原则传承给新生代的学生。我相信，从事教育工作，首先要做的不是传道授业解惑，而是要让孩子们变得更真，而不是变得更假。

人工智能时代，不改少年初心 [1]

我们所处的时代，无疑是一个充满挑战和不确定性的时代。科技创新的加速进步和第四次工业革命的巨大力量，让我们见证了人工智能、量子计算、生命科学、新材料、新能源等领域的不断突破。然而，我们也目睹了百年一遇的疫情带来的突发性破坏和灾难性影响，给我们的社会基础、经济结构和生活方式带来了巨大挑战。同时，逆全球化的风潮和地缘政治的影响也让每个人都面临巨大的不确定性。

人工智能是第四次工业革命的基石，正在改变我们的世界，从科技、产业、社会到个人。我这些年一直从事人工智能方面的研究，以及技术和产业化等工作。接下来，我会谈一些有关人工智能时代的观点和思考，以及我的个人经历和感悟。

---

[1] 2023年6月25日下午，张亚勤应邀在清华大学经济管理学院2023年毕业典礼上发表演讲（见图7.1）。此处有删改。

图 7.1　张亚勤在清华大学经济管理学院 2023 年毕业典礼上发表演讲

此时此刻，看到台下你们一张张充满朝气和兴奋的面孔，我想起了多年前的自己。1978 年，改革开放恢复高考，我那年 12 岁，考入了中国科技大学少年班，成为当年全国高考最年轻的大学生。1986 年，在中国走向世界之际，我又去美国留学；1999 年，全球化浪潮开始，我回国和李开复博士等一起创建了微软亚洲研究院，该研究院后来产出了很多世界级的研究成果，也为中国培养了大批人工智能和计算机科学的领军人才，成为名副其实的中国人工智能"黄埔军校"。2014—2019 年，我作为百度公司总裁，与公司创始人李彦宏先生一起带领百度进入无人驾驶、芯片、智能云、量子计算和人工智能等新技术领域。2020 年，我加入清华大学，创立了智能产业研究院，旨在打造一个面向第四次工业革命的研究机构，从事基础研究，发明核心技术，为中国人工智能产业培养未来的科学家、首席技术官、架构师和领军者。

我很幸运，每一步都踏着时代的脉搏和节点，每一步都跟随着我内心的声音和召唤。

我也很不幸。我出生在动荡的年代，父亲早逝，我从小就在外祖母、祖母、母亲和亲戚家辗转，一直感到不稳定，不知道下个学期会在哪里上学、是否能上学、上哪个年级，或者要去哪个城市。当我报考中国科技大学少年班时，我兴高采烈地认为终于要去北京了，有学上了。然后，我才知道中科大在合肥，不过我后来也很喜欢合肥。

不幸中的幸运是，我的亲人都非常爱我，也非常重视教育。我3岁时，外祖母就给我讲故事，让我看连环画，让我看小说。我看不懂，她就给我一本字典，让我自己查。为了了解书中的故事，我学会了很多字。这样的教育方式让我对学习充满了兴趣，保持着对未知事物的好奇心。后来在我的学习和工作中，我多次进入全新领域，但我从来没有恐惧感，相反，我很享受这个过程。

我的母亲对我的要求一直比较严格。我一直记得两个镜头。

第一个镜头是我小时候总是不能静下心来专心做一件事，很浮躁，很容易放弃。有一次，她特别生气，罚我站在墙角，她大声问我："你有一技之长吗？你能自食其力吗？你靠什么生存？"这么多年来，每当我遇到困难和选择时，无论是作为学生、工程师、教授还是总裁，这个问题总在我耳边回响："你的一技之长是什么？"

另一个镜头是我儿时有一个好朋友，我们一起读书，一起玩耍。有一天，我对母亲说，他很笨，那么简单的题都不会做，而我心算就算出来了。母亲很生气，很严肃地说："你告诉他了吗？任何时候都不能在背后说别人的坏话，何况你们还是好朋友。要学会善待别人。"我当时感到非常羞愧。后来，这成为我做人和管理的一个原则，不在背后说别人的坏话，也不喜欢听别人在背后讲其他人的坏话。如果 A 给我讲 B 的坏话，我就把 B 叫来一起听。这个原则让我学会善待别人，然后我发现别人也会善待我，这个简单的习惯避免了 90% 的办公室政治，让我的世界和管理方式变得简单和干净。

让我们把镜头聚焦到今天，看看人工智能的进展。

经过 60 多年的发展，人工智能已经成为这个时代最具变革性的技术力量。过去 10 年，深度学习成为主流，人工智能进入大数据、大计算、大模型的时代。从 AlphaGo、AlphaZero 在围棋领域战胜人类到 AlphaFold 2 高精度预测蛋白质三维结构，再到现在我们正在经历的 ChatGPT 爆发，人工智能技术正在深层次地改变我们的物理世界、数字世界和生物世界。这些趋势使得人工智能系统具有强大的感知、交互、推理和生成能力，在很多领域已经接近甚至超越人类的水平。

我在清华的这几年，也是人工智能领域发展最迅速的时期。 人工智能对于自动驾驶、机器人、物联网和生命科学产生了巨大的影响。最近，以 ChatGPT 为代表的基础模型和生成式 AI 成为人工智能发展历史上的重要里程碑。仅仅两个月，它吸引了上亿用户，成为全球最受欢迎的产品。我认为，这是人类历史上首个通过图灵测试的产品，为实现通用人工智能开辟了新的路径。同时，基础大模型正在构建新的操作系统，将彻底重构我们的软件、硬件和应用生态，重塑产业结构、商业模式以及未来的工作方式。

我们看到，所有的设备都能看、能听、会说；无人出租车载着乘客，无人卡车载着货物，无人机在天上送着快递；机器可以实时、准确地翻译，可以快速分析患者病情、读片诊断、发明新药、做手术。机器人走进我们的家庭，成为我们知心的管家；走进办公室，变成我们最好的助理；进入城市，维护我们的安全；进入工厂，成为最熟练的工人。

未来，有些产业和工作或将消失。不需要很多译者、不需要很多司机、不需要很多中介、不需要很多流水线工人。任何重复性和流程性的脑力和体力工作都将被机器取代；在任何可描述的、有固定规则的、有标准答案的问题方面，机器都会超过人类；任何考试，不论是高考、SAT（美国高中生大学入学考试）、GRE（留学研究生入学考试）、GMAT（经企管理研究生入学考试）还是数理化奥赛，机器都将是冠军。机器将理解今天最复杂的公式，证明我们尚未证明的数学难题,也会产生新的方程式。

我认为未来将产生更有创意、更高品质、更有想象力、更有趣味、更富温情的工作。如果很好地控制和治理,机器和人工智能将成为我们的朋友、助理、代理人和延伸。未来的智能是人类智能+机器智能(HI+AI),当人工智能使得生产力大幅度提高时,我们每周也许只用工作两三天,其他大部分时间可以用来做自己感兴趣的事。

你们可以看出,我是个乐观主义者。

对于同学们来讲,这是好消息,也是坏消息;充满了机会,也充满了不确定性;这是最好的时代,也是令人困惑的时代!对于即将走入社会的同学们,在人工智能时代,我希望给大家几点建议。

第一点建议,保持对世界的好奇,做永恒的学习者

在数据爆炸和不断变化的世界中,成为具备强适应能力的学习者至关重要。你们5年前学到的80%的知识可能已经过时。在清华大学,你们学到的最有价值的东西,不仅是具体的知识,更是学习新知识的能力,是从繁杂噪声中分辨信号的能力,是从众多杂乱数据中提取信息的能力,是简化问题和抽象问题的能力,是全部忘记所学知识之后的能力。

在人工智能时代,在机器学习时代,机器在学习,人类更要

学习！

你们都知道最令人尊敬的杨振宁先生已经101岁，他是当代伟大的物理学家，也是学识渊博的大学者。我有幸在中科大读书时就认识他。他是合肥人，经常回家乡到中科大少年班，过去的20年我有很多的机会向他请教。但是我发现，每次我向他请教时，他总是在问我问题。两年前，我去杨先生家里看望他，我准备了一个问题列表，抢在杨先生提问前开口，"先发制人"。不过他还是问了我很多无人驾驶、人工智能和机器人方面的问题。"问渠那得清如许？为有源头活水来。"泰斗若此，何况吾乎？

第二点建议，要有独特的观点和视角

我于1989年博士毕业，到现在为止已工作30多年，做过基础研究，做过产品和市场，在中国、在亚洲乃至在全球管理过几万人的团队，可以说见过各种各样的人。由此，我深刻体会到拥有独特观点、视角和判断的重要性。当我面试人员，尤其是年轻人时，我更注重他们的独特性、思考方式和思维火花。我经常说："一个独特的观点等于100个智商点。"当然，更重要的是，要能坚持你的观点。

我记得在微软负责产品部门的时候，有一次收到了公司大老板比尔·盖茨先生的邮件。他知道我需要一个架构师，便向我推荐了他之前的技术助理。我通过面试认定他不是最佳人选，于是礼貌地回复了比尔，婉拒了他的推荐。没想到，第二天我又收到了比尔一封很长的电子邮件，差不多近三页纸，详细地说明了那位助理的各种优点，但他也明确表示，最终决定还是由我来做，因为这是我负责的产品。我再次非常慎重地面试了这位助理，与团队再次商议后，还是觉得他不适合。于是，我又对比尔表示：很感动，很珍惜，但是婉拒了。最终，我们找到了理想的架构师，并成功推出一系列非常出色的产品，比尔也很高兴。

同学们，当我们踏入真实的世界时，很容易受到影响和压力而变得"顺从"与"合群"，人们往往追求表面上的和谐及符合社会预期的形象。这也许能在短期内获得小的回报和舒适感。但从长远来看，在面对复杂和多变的世界时，你们的独特性将成为你们最宝贵的资产。

因此我恳请你们保持自己独特的观点、视角和原则，不要随波逐流，不要失去你的个性和棱角。人工智能越来越强大，ChatGPT可以比任何人更圆滑和全面，能够生成很多观点，唯一无法生成的，就是你独特的观点。

第三点建议，将伦理和人文精神放在心中

2000多年前，伟大的希腊思想家苏格拉底将道德作为追求真

理的灵魂。大约同一时期，我们伟大的中国哲学家孔子把人性的"仁义"作为构建社会结构的基石。在截然不同的文化下，两位伟大的思想家所见略同，并非巧合。今天，当我们面临更多选择、迷茫和诱惑时，这一点就变得更加重要。

技术是中立的，但创新者有使命。技术是工具，要为人类服务。随着人工智能的飞速发展，它带来的潜在风险也在不断增加。这迫使我们思考人工智能技术对社会、文化、伦理等方面的影响和责任。我们要重新审视人类与机器的关系，以及人类自身的本质和价值。对于人工智能技术的不确定性和复杂性，我们必须做好充分准备来应对。

上个月，我个人签署了由人工智能安全中心发起的《AI风险声明》(Statement on AI Risk)，呼吁降低被人工智能灭绝的风险，应该与降低流行病和核战争等其他大规模社会性风险一样，成为全球优先解决的事项。企业、高校、科研机构也应持续致力于做负责任的AI，在研究理论、算法和应用模型时，必须考虑技术的意义和可能带来的结果，并将伦理问题和价值观置于技术之上。

作为一个乐观主义者，我相信人类拥有两种智慧：发明技术的智慧和把握技术发展方向的智慧。我坚信我们有能力找到这种平衡，但我们必须保持危机意识，并立即采取行动。

第四点建议，要明白，人生是赛场，不是战场

人生就像一场体育比赛，通过公平竞争，我们能够充分激发每个选手的潜力、实力和能力，最终，每个人都有机会成为赢家。它不是一个战场，不需要把对手置于死地，这样大家都会成为失败者。

在探索人生的过程中，要大胆尝试，找到适合自己的道路，做自己的选择。当年我的女儿选择大学时，我作为父亲给她提供了一些很优秀的建议。然而，她很友好、很客气地婉拒了我，她说："爸爸，这是我的学校、我的选择、我的人生。"同样，我的儿子在选择大学时，我提供了更优秀的建议，他更友好、更客气地婉拒了我。他们都听从自己内心的召唤，做出了自己的选择。

的确，没有最好的选择，只有你的选择；没有最完美的人生，只有你的人生。

年轻的朋友们，这是一个特殊的时刻，请用你的才华、激情和创新，更用你的同理心、勇气和爱，去展现、去闪耀，响应使命的召唤！

最后希望同学们：

保持你的简单，

保持你的锋芒。

永远好奇，

永远在学习。

与人为善,不在背后讲别人坏话。

发挥你的"一技之长",

爱你的父母和家人。

爱你的国家。

爱你的世界!

第 8 章

高端对话

对话朱云来
AI 的未来以及投资机会[①]

图 8.1 张亚勤与朱云来对话活动现场

---

① 本文来自 2023 年 7 月 7 日,在世界人工智能大会上,张亚勤与中金公司原总裁兼首席执行官、清华大学管理实践访问教授朱云来在"生机盎然,成就未来:投融资主题论坛"上的对话。此处有修改。

提问：目前所谓的"大模型热"，导致过去 3 个月中参加的会有一半是跟人工智能相关的。目前的大模型到底是不是一劳永逸的解决方案？

张亚勤：当然不是。最近一直在谈的大模型和 AIGC，能力的确很强，也是了不起的工程，特别是系统性的成就。我谈谈挑战和局限性，大家看到 AIGC 特别是 GPT-4 出来之后有很多问题。

（1）时效性不足。

（2）准确性不够，经常有一些不实的信息。

（3）大模型能耗高，计算效率比较低。

（4）隐私、知识产权保护透明性的问题。

展开来说，首先不清楚其局限性是什么，有一种可能性是这种自回归算法不能解决错误信息和不实信息，这种算法本身要求有更多的创意，但创意不能兼顾，这就是局限性。

效率。人的大脑是最高效的进化，是进化了几十万年的智能体。大脑有大约 860 亿个神经元，每一个神经元有将近 1 万个突触，十分高效，GPT-4 大约是万亿的参数，从这个规模来讲还是比我们的大脑差了 1 000 倍。如何降低计算的效能，提高效率是一个大的问题。不管是微软的 GPT 还是 OpenAI 都很难实现大规模商用，效率至少提高 10 倍才可以。

我一直讲大模型当然很重要，尤其是横向的大语言模型很重要,但我们将其用于行业时一定更加面向行业的垂直精准模型。我们做无人驾驶要求低延时、多模态的感知,要求规划、决策、执行完全处于高安全的状态,这时候不需要自动驾驶会作诗作画。关于蛋白质解析,语料信息是蛋白质结构,不需要互联网上很多别的信息。我觉得大语言模型很重要,但行业垂直模型也很重要。

朱云来:大模型出来的时候确实引起了非常大的轰动,如果主持人不想努力,我们回答问题也偷懒,那么请 GPT 做个回答就可以了。GPT 出现以来还是有非常大的进步,至少从投资界可以看出来,之前投的一大批与之相比逊色很多,但是这个 GPT 会好到什么程度呢?

GPT 是很重要的突破,本来应该是利用循环神经网络自相关、自回归的作用,这样模型从理论上更完整,但解起来太麻烦,860 亿个神经元理论上是可以跟另外一个神经元联结的,那就是 860 亿的结成,这个复杂度基本无法解释。GPT 最大的贡献就是引入了注意力机制,大大简化了运算,算出来还挺令人印象深刻的,一下子从过去的亿级提升到了十级亿、百亿级、千亿级。这个结果能一劳永逸吗?比如我们看到的胸有成竹的图片,我们觉得是很有意思的表现,但可能是使用注意力机制把本质的关系简化了,因此可以做出结果、处理大量的数据,本质上过于简化会丢失很多信息,所以不够精确,不能系统模拟人的思维,这样也会对未来的应用潜力产生一定的限制。

提问：任何技术都有边界的问题。比如说，今年在很多上市公司路演的过程中，有很多投资人问，这个大模型能解决全球目前断裂情况下新的产能快速布置和新的无人化工厂快速增效的问题吗？这是中国人，尤其是投资人特别关心的问题。

张亚勤：这个问题太广义了，不管对大模型还是对其他行业如制造业、金融业，整个人工智能都大大提高了生产力，每个行业的周期不一样，但效率肯定会大幅提高。人工智能带来大的变化是很多工作不需要人来做了，比如无人车、无人工厂、整个制造流水线，包括部分脑力劳动。任何可重复、有确定规则、有规定程序的脑力劳动基本都会消失，这是大的冲击，也是大的机会。

朱云来：从制造业来讲，一些相关有限的应用场景，有各种各样的系统性改进。GPT出来以后给人看到另外一个维度，这可能是最重要的。GPT的综合性维度也大大超出我们过去的想象，它能够根据指示进行非常系统的综合。其背后是基于搜索和系统性的归纳，包括循环神经网络的模拟，它的可解性通过注意力机制又大大提高了，因此有了一个系统性的突破。我们刚才也讲了，从局限性来说，毕竟是过分简化，因此普通适用性也降低了，恐怕还是需要经过一个新的阶段才会真正通用人工智能的能力。

如果机器真的达到了这么好的程度，那人怎么办？我后来也在想，我们把这个问题反过来想，假如今天通用人工智能已经可以把人都代替了，对社会会产生什么影响？我觉得可能到这个时候应该换一个角度，这个人类社会的治理结构由谁来决定？是由我们人来决定的。既然通用机器人什么都能干，我就可以不用干你干的活了，如果你还不能全部都干了，那我来干剩下干不了的，你能干的都让你干，我们就有了休息时间或者是可以减少工作时间，抑或是我们去做其他更有创造性的工作。最终我们想到当科技迅速发展后，我们需要重新构建社会治理结构、治理机制，需要系统讨论这些问题，讨论科技带来的进步和好处应该怎么返还给社会。这是新的机制，是我们过去没有考虑的问题，我们在未来要系统考虑。

提问：大模型需要这么多的资源、这么多的芯片、这么多的钱，是不是只有大的平台型公司或国家可以成为核心玩家，甚至是唯一的玩家？创业者有多少机会？

张亚勤：我觉得整体上大模型对创业公司来说是一个机会，我一直把横向大模型比喻成AI的操作系统，有了这个操作系统之后，其上还可以发展行业的垂直模型，可以开发新的应用。支持大的横向系统需要有大的数据、算力以及云的系统支持，其上就会有商业大模型、开源大模型。创业公司不需要自己做很多事情，就可以调用这些模型。过去没有云，小公司都得自己买服务器，有IT人员、有云之后不用想这件事了，对创业公司来说是一个大的机会，门槛变得更低了。

朱云来：从系统的发展来看，过去最典型的两个场景是大一点儿的平台、比较成熟的公司，它们资本雄厚，亚勤原来工作的微软就是这样的例子，它在技术、资本各方面都非常强大。但是不是有这样的公司，其他小公司就没机会或者就不需要其他小公司了。其实平台有存在的道理，也有存在的优势，甚至也有把科技进步的好处实现得很好的机制。

反过来讲，作为一个稳定的平台，甚至在某种意义上说，如果没有人能超过它的时候，它自己就出现惰性了，就不想改进了，也不需要改进了。只有这些小公司有一帮充满热情的人，特别想做点儿事情，想证明自己，想实现一个设想，等等。他们非常有冲击力，这是非常自然的。一个社会如果没有不断的进步冲动，可能最后就变成趋于稳定。从这个角度来讲，小公司的作用也非常重要，它在客观上往往更具创造性。从社会角度来看，我们需要看到大公司带来的好处，但是也要看到它们存在惰性，还要防止过度垄断，因此对小公司要有保护鼓励的机制，这样就变成相对良性的环境，这个平台和小公司都可以有各自生存的意义，让整个结果、让整个社会有更系统、更快进步的可能。

提问：两位怎么看待算力和算法方面的挑战？

张亚勤：人工智能发展有四大因素——数据、算法、算力和人才。算力是以后最大的挑战。我最近想得最多的就是算力。有很多公司在做GPU，但依然不能满足大量的计算需求，如果最终算力成为大的限制，我们一定要找到别的途径，包括一些新的模型、新的算法、新的框架。我们现在最大的创新其实是手机，最先进的芯片、低能耗的芯片都在手机里，因为手机有很多类似的需求（高性能、低功耗、存储量很少）。如果算力变成最大的限制，可能计算方法就会完全不一样。我经常说需求是创新的源泉。

中国人才足够多、足够强。中国的数据也足够多，多模态的语料也有很多，包括视频、图像和物理世界的所有信息。算法也会和全世界同步甚至领先。

我想纠正一个观点："算法都是美国发明的"。其实不是，在过去10年特别是过去5年的深度学习中，很多创新算法、原始算法是中国科学家（包括华人企业科学家）完成的，我们可以数出很多对深度学习大模型做出了很大贡献的人。中国科学家做了很多贡献，包括目前OpenAI的大模型，也包括目前深度学习的算法。

关于朱总讲的创业公司，在每一个大的平台新时代，从PC到移动再到 AI，小公司在其中扮演了重要角色，现在赫赫有名的大公司，在当年都是初创小公司，比如谷歌、微软、OpenAI 在开始的时候都是小公司，所以不要低估小公司的作用。举个例子，移动上有安卓和 iOS，也有很多超级 App，大部分机会集中在超级 App 上，有了这个系统操作平台之后，做 App 更加容易了。

朱云来：这是很好的补充。算力是一个基础，是芯片问题，但算法是另外一个维度。算力和算法相辅相成。一个好的算法可以显著降低算力需求，甚至可能达到千倍、亿倍的差距，最终达到平衡，最大的产出还是算法。

张亚勤：目前多注意力的机制、Transformer 在 5 年后会发生变化，即使 5 年后不变，那 10 年后也会变。我一直将大脑作为例子，算法在效率和机制上比大脑差很多。比如，我们现在用 GPT-4 推理，问一个简单的问题会激活上万亿的参数。人对话的时候不是这样的，我现在和朱云来对话可能只需要调用大脑 1% 的参数、某一个区域的神经元。怎么进行参数的激活，怎么学习大脑的工作原理？现在是做不了的，尽管目前大模型做得很好、很了不起，但是改善的空间很大。

我们现在做的推理学习主要还是用深度学习大数据模型，但人类和动物的推理学习能力是与生俱来的，不需要每次都学习和推理。我们的知识体系（如用符号、规则形成的知识体系和知识图谱固定的形成体系，牛顿定律、薛定谔的方程式等）都没有很好地融合起来，我们现在把知识图谱和第一性原理与大模型放在一块儿的做法还很初级。在多模态上，语言模型用的 Transformer 和做图像用的 Stable Diffusion 两个框架是不一样的。怎么进行多模态的融合，怎么变成同样的单元，要做的事情还有很多，才刚刚开始。我们在生成式 AI 的大范式下，相当于 42 千米的马拉松刚刚跑了 5 千米。

提问：上一个互联网周期（从普通互联网到移动互联网）基本用了 10 年，发生了重大改变，出现了新的机遇。两位觉得 AI 的变化周期是几年？会不会更快？

张亚勤：现在的 AI 有点儿像 1998 年的互联网，机会很大，刚刚开始，但是也有泡沫。我们知道 2000 年的时候互联网泡沫破裂，我觉得 AI 也会经历这个阶段。互联网本身不是泡沫，互联网进入生活、改变了生活方式，真正好的公司、有实力的公司、有技术的公司、有价值的公司越来越多，AI 也是这样，出现了很多了不起的公司。人工智能不是泡沫而是机会，但不排除有些公司是泡沫。

朱云来：人工智能有非常大的发展潜力，在泡沫中涌现。从投资的角度来讲还是要有足够大的系统面关注，你不投肯定失败，但千万不要觉得投了这一笔就高枕无忧，不要觉得不动就是最大的赢家，实际上恐怕得不断地投，不断地调整，自己一定要知道，并且要有一定的节制。

从另外一个角度来讲，跳出自己投资的角度，客观来看，这段历史有各种泡沫，大家都积极探索，既然是探索就不能保证大家都成功。很多探索涌起来又破灭，最终在互相作用的过程中确实产生了系统性的进步。所以要不断调整投资的站位，要占一点儿位置，但又不能觉得很牢固，要在进步的过程中调整。有没有复盘当年微软还是小公司时的一系列投资？最后互联网公司最大的赢家是谁？有没有值得投资和把控的过程？

对话朱民
颠覆认知的 AI 时代与智能涌现[①]

图 8.2　张亚勤对话朱民活动现场

[①] 本文来自2023年4月28日，张亚勤与中国人民银行前副行长、国际货币基金组织原副总裁朱民在"清华论坛（第103讲）"的对话。此处有修改。

朱民：我们就聊聊大模型，这是现在最热门的事儿。ChatGPT当然是惊艳的，能画画，又能作诗、写歌。大家可能听说了，它制作了一段贝多芬风格的音乐。当然，作为一个贝多芬的老爱好者，我觉得它做得不怎么样，但它居然也能装模作样地作曲了，还有4个乐章，这太搞笑了。它确实影响很大，写代码、做文件检索都表现出色。关于它的争论很多，有观点认为它已经走向AGI，也有观点认为它还不成熟，技术上并没有很大的突破，只是商业模式用得好、路径好，它很聪明。你是真的专家，你怎么看这件事？

张亚勤：你刚才讲的是过去2～3年，一个大的趋势是生成式AI。ChatGPT可能是做得最成功的，其他的生成式AI还包括DALL-E、Stable Diffusion等。

ChatGPT推出之后，我还是挺震撼的。前段时间谈到"我的GPT时刻"是什么样的，我有三个想法，第一个是我感到人类历史上第一次有了一个通过了图灵测试的智能体。

朱民：通过了图灵测试，我们回头再说这一点，这是一个了不得的结论。

张亚勤：对，我们知道图灵测试是图灵于1950年提出的，假设机器是可以思考的机器。它是我们做计算机科学这么多年所梦想的一个目标。我认为，ChatGPT是第一个通过图灵测试的软件智能体。我太太是ChatGPT乃至GPT系列产品的超级"粉丝"，当时我在看的时候，她说ChatGPT也能幻想，也经常说错话，还会说谎，我说那和人类就更像了。

所以，第一点是通过了图灵测试，包括语言对话引擎（Conversational AI），其实对话引擎有很多年的历史了。1966年，MIT第一次做出了对话引擎Eliza，多年来有很多次迭代。国内外的对话产品如Siri、Alex、Cortana、小度、天猫精灵，很多对话的产品都是针对某一些领域或针对聊天。

朱民：包括微软的小冰。

张亚勤：是的。但ChatGPT在功能和通用性方面远远超过了早期的产品，它使用了大规模语言对话引擎，这是我的第一个感受。第二个感受是，我认为它是AI时代一个新的操作系统，就像PC时代的Windows、移动时代的iOS。

朱民：我觉得这个比你的第一个结论更重要。通过图灵测试是针对过去，如果是新操作系统，那就是面向一个巨大的未来。

张亚勤：那就会重写、重塑、重建整个生态系统。我认为它是我们从面向具体任务的 AI 走向通用 AI 的一个起点。虽然 ChatGPT 更多的是大语言模型、大基础模型，但它开启了一道亮光。我们很多年都是在往那个方向走，这就是"我的 ChatGPT 时刻"。

我经常对学生讲，多年来，AI 以及整个 IT 领域出现了很多热词，一会儿是区块链、加密货币、比特币，一会儿又是 Web 3.0、NFT（非同质化代币）、元宇宙。有些可能是真的，有些可能只是概念，但包括 ChatGPT、GPT 4.0 在内的整个大语言模型是一次大的变革。

朱民：这次你真的兴奋了，让一个科学家兴奋就表明一些事情正在发生。这还是挺有意思的。虽然通过了图灵测试，但机器和人对话当然还存在很多误差，这都是在不断完善的。通过人类的反馈机制训练，我觉得精细调整会不断提高，这个没问题。

张亚勤：朱民在讲算法，他完全不像是央行的副行长。

朱民：这是跟你学的。你的大操作平台可有意思了。现在 ChatGPT 出现了 API（应用程序编程接口）和插件，所以它可以逐渐把专业的东西放进去，构建垂直系统；插件出来又是一个特殊的路，很多东西又可以往上放。如果以后变成生态的话，那真的是一个大的操作平台，会出现一个我们讨论过的超级App，整个产业就被彻底颠覆了。这在什么情景下会发生呢？

张亚勤：尽管目前有新的插件、API，或者新的应用，本质上其实并没有变化。大家都记得PC上也有很多应用，Office就是一个大的超级应用。到移动时代，有的操作系统上有应用商店，里边也有很多超级应用，如微信、短视频、淘宝、搜索等。

我觉得AI时代也会如此，有一个大模型作为操作系统，上边有插件、API和App。有很多App可能需要垂直的模型，因为有些行业比较深，如自动驾驶、智慧医疗等，但这些垂直模型可以建立在横向的大语言上。这个大语言不仅仅是语言，其实是多模态的，包括视频、图像、语音等。有了这个之后，垂直模型才有更多的应用。

你刚才提到的一点很重要，现在的大语言模型，或者说我们的基础模型，它自己是一个工具，它也可以使用别的工具，比如Hugging Face通过各种开源的数据、模型，去执行新的任务或者构建新的应用。同样，我们也可以使用不同的大模型去构建新的应用。也就是说，大模型可以使用你，你也可以使用大模型，彼此使用。

朱民：我们可以想象一下，因为智能了，机器就能自己讲话了，它已经脱离人了。一旦你给了数据，机器自己就生成，生成完又出现智能，然后它就可以自己交流，自行不断地改进，那是不是一个新的物种正在出现？

这又是一个很重要的概念，我们理解的物种都是电影里的外星人。如果把 AI 大模型看成一个物种的话，那就是大家讨论的关于人类面临的根本挑战了。是这样吗？

张亚勤：首先是一种新的能力吧，叫物种或能力都行。比如说现在的 GPT 4+，之后还有 4.5、4.9、5.0。5.0 主要的开发者是谁呢？是 4.0，它在自我开发、自我迭代、自我进化，这是一种和人类一样的、很强的能力。

但我并不认为人类会被替代，我觉得 AI 还是一个工具、是我们的延伸。也就是说，我们作为人类、作为碳基生命有一种智慧，我们可以发明东西，也可以控制它，让它按照我们的方向去演化。我是乐观者。

朱民：对，你是乐观者，我也是乐观者，但最怕的是过分乐观，我们要小心。这其实是很有意思的一件事，我们先不讲人类和机器的对比，现有的人其实提出了哲学命题，或者提出了一个根本的问题：AI 是人的智能的一部分，还是人的智能之外的一种新的或者人还没有悟到的智能？你怎么看？

张亚勤：这是一个特别好的问题。我认为，现在的大语言模型有很多我们不知道的智能。我们可能有这些智能，但我们没有认识到；我们认识到的知识、看到的所谓的智能，其实是人类很少的一部分。然后，机器把一部分我们拥有但是不知道的智能找出来了。机器可能有新的能力，但我不希望大家有一种想法——新能力会像科幻电影里说的那样把人替代了。未来的智能一定是HI+AI，一定是人类智能和机器智能的融合，而且机器一定是我们很强的延伸，它能做的很多事，我们可能做不了。就像汽车一样，汽车跑得比人快，它比人有更强的能力，但它并没有替代人。

朱民：工业革命扩展了人的肌肉，现在的AI要扩展人的智能，我觉得这是一个很重大的判断。现在的机器智能究竟是人的智能的发现，是一种潜在、未知的人的智能的挖掘，还是更新的一个我们根本就不知道的智能？

张亚勤：我觉得三者都有。

朱民：这个很有意思，所以从这层意义上说，一个根本的哲学问题是，智能不是人类独有的。

张亚勤：是的，就看你怎么定义。以生存的能力、繁殖的能力为例，繁殖能力最强的物种不是人，而是细菌、病毒。而且它们几十亿年来一直存在，它们的寿命也一定会比人类要长，所以我觉得智能有很多不同的维度、不同的方面。发展到现在，它给我们提供了很多新的启示，包括延伸我们。

再者，我们可能还是要把智能分成几个不同的层次，对于有些东西要有边界。

这又回到图灵了。机器第一个层次的智能是可以感知，就是要听得见、要能说话。视觉、语音识别、语音合成、人脸识别、图像识别、文字OCR（文字识别软件）等都属于感知层面。现在机器已经比人厉害了，机器识别人脸可能比人厉害，我觉得这可能5年前基本上就和人处于同一水平了。

第二个层次的智能是可以思考、可以决策、可以推理，在这个认知层面，现在的大语言模型出来之后和人的距离就越来越小了。过几年，它们在这个方面就和人类差不多了。现在大家说ChatGPT考试比人还厉害，能考SAT，所以说，机器在认知方面和人类差不多。

还有几个层次，我觉得是我们不应该去触碰的。我一直在讲，我们要做AI伦理、治理。AI能不能作为独立个体？AI有没有自我意识？它有没有感情？我不认为我们可以达到这些层面，我也不认为人类应该做这样的研究，就像我们不应该触碰基因编辑的某些方面。

另外就是人工智能的治理。人工智能需要一个边界。我们有信息世界、物理世界、生物世界，在这些世界中，空间都在走向一种融合，新的数字化也在走向融合，但我们需要有一些边界。比如ChatGPT可能先出现在信息世界，然后真正去到了物理世界。我们还要小心自动驾驶，小心金融系统。

我不久前去新加坡开会，有两个不同的场合。如果是做广告策划的WPP公司做创意，我就鼓励多使用ChatGPT。但在银行，我建议先别用，而是将其用作信息类工具，牵涉核心金融系统和交易的，还是要比较小心。

朱民：所以，科学家既要乐观也要谨慎。乐观来看，这毫无疑问是一次颠覆，但谨慎来看，我们还是要很小心地划出一个边界，但这个边界会被不断地突破。人工智能现在越来越多地被认为是工程学，你可以应用大模型，大模型也可以应用你，所以它越来越变成一个工程了。如果从工程学角度看大模型，大模型的发展会怎样？

张亚勤：我觉得它肯定会变得越来越准确，然后变得越来越成熟，而且它进化的速度也会越来越快。但是，在我们没有很清楚它的成熟度之前，我们需要给它划出边界。

我相信，机器人自动驾驶以后在整个物理世界、在物联网都会有很广泛的应用，但根据你的不同需要和应用，要更谨慎一些。比如对于核心任务，我们还是要有更多的可控性，毕竟我们并不完全知道现在的生成式 AI 会生成什么东西。而且，我们不仅不知道，甚至还不知道为什么会发生这样的事。我们只知道一部分。

朱民：所以这又涉及现在大模型的根本概念"涌现"，这是以前没有的。它有数据逻辑推演以后，开始"涌现"一些非线性的发展。"涌现"是什么，它的发展前景怎样？我觉得这是一个很重要的问题。

张亚勤：朱民行长讲了一个特别重要的概念"涌现"，这是比较专业的词汇。

在目前这种大模型中，当模型的参数体量大到一定程度，基本上是到了百亿参数的时候，开始出现一种现象——"涌现"，你可以看到它在准确度和可预测性上都呈跳跃式提高。为什么这个时候出现"涌现"？我们还不清楚具体的数学模型或者因果关系。

但你可以这样想，当数据量体量大到一定程度、参数达到一定程度、数据是高质量数据，而且训练方法是正确的时候，那就可以利用这么多的数据。

就好像我们每天读书，读到一定程度的时候忽然就开窍了，灵光一闪。开始的时候，读书只是为了填补知识，但到了一定程度我就可以掌握这个规律了。比如我建的大模型，参与到一定程度之后，它把真正的架构找了出来。

朱民：这里又提出一个重大哲学问题。"涌现"是像灵光一闪那样的跳跃式变化。我们作为人都有过顿悟的经历，顿悟是有点儿智慧含义的，"涌现"是智慧吗？

张亚勤：可以这样理解。参数到一定程度之后，它忽然就很准确了，就像语音识别，贯通了。这个非常重要。如果你直接看的话，由于数据量特别大、参数很多，因此它做预训练的时候用的是自监督学习、上下文学习。在语料很大的时候，它要把一些语料进行掩码，然后自我训练。当模型大到一定程度的时候，它的准确率就比较高。

但是，为什么会在有那么多参数的时候产生？而且，不仅是ChatGPT、OpenAI，很多别的大模型也有类似的现象。

所以，我不能说"涌现"现象是灵光一闪，不能说它是哲学或者宗教的概念。但是，我们现在并不清楚为什么，我们只清楚一部分，不清楚全部。

另外一个是统一性，这也是现在GPT中关于T的很重要的一部分。过去可能对不同的任务有不同的算法，现在有Transformer

之后，不管你是语言还是语音，抑或是图像、视频或蛋白质，你都可以用 Token-based 里的单元转化。这跟人的大脑思维方式、神经网络比较像。

朱民：大概四五年前有很多观点认为，深度学习、大数据的应用出现了小数据。那么现在新的工具 Transformer 是一个基础，这是一个很重要的基本结构。GCAI 或 AIGC 是一个很重要的方向，那么从技术上说，你觉得 Transformer 模式是否成型了，或者以后会有怎么样的发展？你是科学家，我们得想想科学的问题。

张亚勤：我认为 Transformer 确实是挺了不起的，这是瓦斯瓦尼 2017 年在谷歌研发谷歌翻译时做的一个算法。Transformer 算法出现之后，确实是把整个深度学习的进展推到更高的一个层次。但是，如果我们看看 Transformer 或者看看现在的大模型，其实它的效率还是比较低的。目前大模型虽然让很多工作变得更高效，但在耗电和运算效率上的表现还是很差的。Transformer 当然是一种很好的算法，但在计算方面确实十分耗能。

朱民：回到工程学就很有意思了，它等于一个无所不能的辅助工具。用我的话来说，这是大模型的脱虚向实。所谓虚就是它离开了服务业；实就是说它进入了物理世界，去操纵和管理物理世界。我觉得这是一个很重要的工程学概念和一个很重要的应用场景。现在人工智能驱动的科学研究进入了第四范式。整个科学研究的方法全都改变了，由数据主导，不再是独立的由根开始往上走，而是逆向发展，这就很厉害了。最近发生了很多事，比如说常温超导的铼是算出来的，可控核聚变中的可控是大模型控的。至于蛋白质，现在已经有很多三维的蛋白质结构分析。大模型在科学研究范式上前景如何？

张亚勤：这是一个特别好的问题，其实关于第四范式及最近提到的第五范式，都是微软的科学家提出来的。范式最早由亚里士多德提出，后来到了伽利略。牛顿第一次把所谓的第一范式数学化、方程式化，然后到麦克斯韦、薛定谔，爱因斯坦之后是方程式的第二范式。第三范式是计算机出来之后的事。大数据之后是图灵奖获得者詹姆斯·格雷提出的数据驱动，也就是第四范式。

最近微软英国的科学家又提出第五范式——深度学习，将其作为科研的一个新的范式。我认为第四范式和第五范式基本上是不同的阶段，你可以将其统称为第四范式。

这里面有很多可使用的新工具，比如刚才你讲的工程学。我们可以把方程式的东西与观察、测量的数据相结合。比如，我们现在可以生成大数据，用方程式来生成，再结合观测的数据做预训练。

朱民：是。现在的科学研究或者说第四范式出现了两种流的合作，一种是人的流，人把一些观察到的、想象中的参数放进去；另一种是机器深度学习。然后把这两种东西结合起来，用预训练的模式朝我们想象的目标前进，这很有意思。人工智能和人的智能开始合作，现在看的比较多的是材料科学、数字材料、生物蛋白三维结构。你觉得像物理或数学这种根本的科学研究，在方法论上会被颠覆吗？我觉得化学是很容易被突破的。

张亚勤：我认为会，但我也不是很清楚怎么颠覆。我那天开玩笑说我现在比较保守了。我说5年以后，所有奥林匹克（数学、物理和其他所有考试）的冠军，从AlphaGo开始一定是机器。另外，我认为AI可以证明一些尚未证明的事儿，如哥德巴赫猜想等。

朱民：我觉得科学家还是很严谨的，哲学家可以在这个天空里思索。

张亚勤：新的方程式以后可能是AI发明的，这是有可能的。

朱民：量子力学就可能会有很大的突破，这是一件很大的事情。如果科学有这么大的变化，反过来人类的进化速度也会大大提高。5年真的是一段很短的时间。

张亚勤：刚才你关于科学范式的提问特别好。其实每一门科学都需要一种描述的语言，比如数学是物理学最好的描述语言。我认为从这种发展方向来说，不一定只是 GPT，而是整个 AI 都会成为一种好的描述语言。当科学的东西没法被表示出来的时候，我们就用一个大的模型加上一个参数来表示，然后它就会变成一种新的语言。

朱民：讲到现在我们已经走得很远了，天马行空。那么落地到现在的话，大家很关心中国的大模型发展怎么样。百度已经出了文心一言，能列出来的大模型大约有几十种。

当然困难是很明显的，数据有一个质量和规模的问题；语言也是一个问题，中文和英文在自然语言处理方面还是不一样的。我之前说，中国在大模型方面是落后的。

张亚勤：对，我觉得大模型方面肯定是落后的，至于具体落后多少我就不说了。目前很多企业，既包括百度、阿里巴巴、腾讯、华为、字节跳动在内的很多大公司，也包括新创公司，都在做大语言模型，最后就是充分竞争。只有经历充分竞争的企业才是好企业。而且，中国的竞争有中国的特点，这些企业都经历过互联网时代的千锤百炼，经历过血腥的竞争，知道该怎么竞争。另外，在竞争的过程中，每家企业都很聪明，它会去定位，接受市场的检验。政府就别管了，政府鼓励竞争就行了。

我个人认为，可能最后会有五六个大模型。大部分操作系统可能还是面向行业的垂直模型，它们会结合大模型解决行业的大问题，但在每个行业也需要细分。

数据是问题，也不是问题。第一点，因为时间不够，目前大模型中没有人能充分使用自己的数据，无论是企业外的公用数据，还是包括大企业在内的每家企业自己的数据，都没有用完，只用了很少的一部分。第二点，现在以做多模态为主，刚才提到的语言多模态里使用了很多视频数据和图像数据。

还有一点。GPT 用了很多中文的数据，也用了法文等语言数据，我们也可以用别的语言数据，比如英文数据。

这些数据能用就用，所以我认为长期来看不是大问题，短期来看也不是大问题。而且说实话，数据不仅量要大，重要的是你怎样去清洗它、怎样把它变成高质量的数据。其实做大语言模型也很有意思，数据太轻、太干净也不行，还是需要一些免疫力的，就像人身上细菌和病毒共存的时候需要一点儿免疫力。要做大语言模型，1/3 的工作是关于怎样开发和维护这些数据。

算力的确比较具有挑战性，如果我们把中国所有的算力加总，现在至少也有 50 万个 A100 芯片的体量，你训练 100 个模型有点儿小问题，但是训练 5 个模型是没有问题的。另外，你不是永远在使用它，你只是在预训练的时候使用它，你在使用几个月后可能就不需要它了。

还有一点,现在很多的工作是怎样把这个模型简化,然后怎样将其小型化、边缘化。所以我认为这些东西是有挑战性的,但这不能是我们两三年之后没做好的一个借口。我认为我们一定会做得不错。中国也在做芯片,现在你看到的昆仑、地平线等很多公司在做这些芯片。

朱民:所以你还是乐观的,对于算力算法和这个数据,我们还是有资源可以解决的,是吧?但是大模型它有几个特点:第一个,它进入的门槛很高,不是一个可以自由竞争的世界;第二个,它有些地方具有天然的垄断性,算法取决于你是不是开源,而且这个规模也使得进入不那么容易。在这种情况下,那是一种市场充分竞争,还是一种类似寡头竞争?未来的中国发展大模型的路径大概是什么情况?

张亚勤:目前就好像是春秋战国时期,大家要充分竞争。等竞争到一定程度,肯定就不可能有那么多大模型了。就像操作系统和云一样,一开始有多少朵云?现在不管是美国还是中国,最后可能就只有四五朵云。所以我认为最后肯定是要收敛的。

朱民:你还是很乐观的,中国人会开发出自己的大模型。

张亚勤：对。但我想讲一点，我们现在不能假设这就是那几家大公司的事儿，初创公司也有希望，OpenAI 就是一个例子。大家都有机会，但平台的门槛很高。像我们这样的研究院，一开始就说自己不会做大型语言模型，也不会买上万个 GPU，不会做很多工程的东西，而是会与企业进行合作。

朱民：这就提出了很重要的一点。在我们追赶的道路上，第一个是算力算法数据，你有没有底气？第二个是市场准入竞争公平，这个结果会怎样？形成生态合作共赢还是很重要的。你认为大概会形成一个怎样的生态呢？

张亚勤：比如很多年或四五年后会有几个大的模型，可能主要在云上面。云上有大量算力的、横向的系统，我把它叫作 AI 的云操作系统，其上有很多垂直领域的、规模很大的 App，而且我认为有些 App 会在一个云上，其他一些 App 会在很多云上，有些超级 App 可能会调用不同的模块。刚才你提到工程化和工具化，你可以用你的操作系统，也可以用别的 App。我的 App 可以用很多不同的模型，包括开源模型和商业化模型。开源现在是很重要的一种力量，不在我们刚才所讲之列。

朱民：你看现在美国出现了 Stability AI 这样一个平台，作为一种生态构造形式的培训，像这样的模式可以被采用。

张亚勤：我觉得都会，各种不同的模式都会发生。

朱民：这里又回到了平行模型和垂直模型的区别，我看现在的大模型主要是美国和中国在做，美国是平行、广义的模型比较多，中国是垂直模型比较多。

张亚勤：不能这么讲，我觉得都有。横向的模型有很多，也有专门针对某些问题的垂直模型。

朱民：所以现在市场竞争的是横向模型，如今是"百模大战"，在竞争中活下来的会支撑垂直模型？

张亚勤：对，可以这样讲。垂直模型及面向一些任务的模型总是要做的。横向模型会帮你解决很多横向的问题，比如说自动驾驶长尾的问题。但是，它没法替代垂直模型。让我们回到操作系统这个比喻，操作系统中安卓和 iOS 都很强大，它们里面有商店，也有很多超级 App。

不可能让操作系统做所有这些应用，特别是如果面向更细分、更有深度的工业互联网。就像在 PC 时代，微软很强大，但也只能做出来一个Office，上面别的应用还是要依靠生态。我经常讲，生态操作系统如果算作1的话，那么它的整个生态是1乘以100倍，在上面它的价值是100倍的。

朱民：这个世界不可能只有唯一，一定有一个生态，在上面会产生更丰富的应用场景。

张亚勤：而且，我觉得这对以后的垂直领域、对一些创业者来说其实是一件好事。很多言论说大模型出来之后就别创业了，都被大公司做了。我认为不是这样的，而是恰恰相反。比如，现在面向某些任务的时候，我更容易做了。再比如，过去我做一件事时没有数据或者数据很少，那我就需要收集数据。但是，现在很多数据已经被预训练成模型了，我可以利用那个模型，再加上我所在领域的精准数据，或者结合我自己的模型去开发应用。

这有点儿像云计算的时候，创业公司过去要买一大堆服务器，公司里也要有信息技术方面的人。有了云之后，你买云服务就行了。你的算力、存储和网络能力都按需分配。所以，我觉得这是一件好事，但创业公司可能要注意别做太简单的东西。如果太简单，大模型马上就帮你做了，创业者要做一些有门槛的事。

朱民：创业的门槛提高了。

对话李开复
未来的首富将来自 AI 公司[1]

图 8.3 张亚勤对话李开复活动现场

---

[1] 本文来自 2023 年 11 月 28 日，在 36 氪 WISE 2023 商业之王大会开场圆桌环节，张亚勤与零一万物 CEO、创新工场董事长李开复，进行的一场以"AI 的时代重构"为主题的对谈，36 氪 CEO 冯大刚为主持人。此处有修改。

冯大刚：特别高兴有机会跟两位中国标志性的商业、研究界的顶级人物，请教 AI 方面的问题。首先有请开复老师回答第一个问题。在过去漫长的辉煌生涯中，您做过投资人和高管，也做过学者，今天更多的是作为一个创业者，最近有什么事情让您觉得比较兴奋？又有什么事情让您感到比较焦虑？

李开复：最振奋的是大模型时代是有史以来最大的科技革命，为此，我才决定自己必须参与，完成我大学时候的梦想——让通用人工智能时代来临。

谈到焦虑，创业者永远焦虑，但是机会大于焦虑。焦虑的是整个行业太卷了，包括中美的挑战和美国最近对芯片的措施对这个行业影响的大小。但从长远来看，对于 AI 2.0 行业的整体趋势和中国把这件事情做好的可能性，我都是非常乐观的。

冯大刚：亚勤老师，您也有漫长而辉煌的职业生涯，在学者、企业高管、投资人、创业者等众多标签中，今天您最认同的是哪个标签？这个标签下的兴奋和焦虑是什么？

张亚勤：我现在就是一位老师，但我更多地希望自己是创新者。现在最令我兴奋的就是人工智能大模型时代的到来。相较于过去 PC 互联和移动互联时代，这是一个拥有全新范式的时代。

我原来在微软做操作系统，当时 Windows 和 Linux 创造了一个大的 PC 时代经济，而在移动互联时代，安卓和 iOS 又创造了一个比 PC 时代大 10 倍的生态。现在大模型/基础模型是人工智能时代的操作系统，在这个大的生态下，机会比 PC 时代大两个数量级、比移动时代大至少一个数量级，所以我感觉很振奋。

我觉得，我们的创新机制可以分成三个阶段：0~1，1~100，100 至无穷大。我的焦虑就是我们怎样能有更多原创的、从 0 到 1 的、实验室能做出来的、全新的东西。我们在学校的使命就是做出有创新的科研。

再讲一下大模型的闭源和开源，我认为我们需要更多的开源模型促进整个科研的发展。我们最近发布的几个模型都是基于开源模型来做微调，或者在垂直领域进一步开发等。

冯大刚：现在有一种观点：中国企业是不是过于依赖海外开源模型了？两位对这个问题怎么看？

李开复：首先我不会特别使用"外国的开源"这个词，开源本身就是全世界的事情。零一万物 Yi-34B 大模型取之于开源，也贡献给开源。

虽然我也很乐观，也同意亚勤的看法，觉得移动互联网是比 PC 大很多倍的新浪潮，但是这次 AI 大模型有不一样的地方。不是中国的大厂而是全世界的大厂，包括OpenAI和谷歌基本停止写论文了，它们很久没有在开源社区有所贡献了，它们应该是看到了垄断的机会。

如果全球其他做得好的大厂和创业公司不能改变这样的局面，如果在如此重要的科技革命来临之时，某一个美国大厂真的垄断了，那这对全世界的用户、开发者、创业者来说都不是好事情。所以我觉得全球应该携手，把自己能够贡献的都分享出来，如果有什么比较好的技术也可以通过开源参与合作。

也就是说，开源是现在大家必须要做的。当年，Windows和苹果垄断了操作系统，但是Linux出来以后，再加上安卓和其他的开源系统，倒逼且改变了当时的格局。Linux给我们带来了特别大的福利和帮助，也将技术变革的权力扁平化，赋予参与信息技术革命的每一个创业者。在这次AI和大模型时代，开源扮演的角色也是非常重要的。

我们必须坦诚，模型一定是越大表现越好。开源的社区主要以教授、学生、创业者、个人爱好者为主，当然也包括一些青睐非大厂模型的公司，但主要成员都不是最有资源的，一定还会有更厉害的闭源模型。我们必须支持公司一定要做一些闭源的事情，不然靠做公益不能赚钱，也就没有充足的"弹药"投入更多的技术创新。

所以，我们一方面要把现在最好的模型贡献给开源，另一方面还要用闭源的方式做更大、更好的模型。相信会有一天，我们也可以开源更大、更好的闭源模型，然后再做更大、更好的模型。

张亚勤：我稍微补充一下。回溯信息技术的历史，闭源的商业模型和开源的学术模型都扮演着不同的角色，以后都很重要。当模型规模大到一定程度，比如达到万亿参数的时候（现在称为前沿模型），我们对大模型带来的风险、治理都要有更多的关注。我最近花了很多时间学习这一方面，这不管对开源还是对商业闭源都同等重要。

冯大刚：两位的 AI 道路是怎样开启的？你们觉得 AGI 真的可以实现吗？中国现在是发展 AGI 的好时机吗？

张亚勤：我做 AI 有 20 年了，是从计算机视觉、数字视频、多媒体编码压缩和检索开始的。深度学习出现之后，我花了更多时间做搜索、智能驾驶、对话。特别是在百度的几年，我主要是想把 AI 部署到云端。所以在过去 10 年，我们基本上是在深度学习走向主流时更专注于做 AI。

开复是在"AI 的冬天"时期就开始做 AI，我记得开复第一个 AI 研究是在 1988 年，开复做 AI 的时间比我们在场的任何人都早。

大约 4 年前我从百度退休之后，在清华创立了智能产业研究院，现在研究院规模差不多 300 人，全部从事人工智能方面的研究和产业化。

李开复：我做 AI 不只 35 年，而是做了 40 多年。我从大二的时候就开始做自然语言和计算机视觉，读博士时做的是机器学习。当时我最大的梦想就是 AGI，申请博士的时候写的作文就是关于 AGI 的，我希望一方面能打造超人能力的 AI，另一方面从此了解人是怎么思考的、大脑是怎么工作的。

之后从我的母校卡内基梅隆大学到苹果，再到微软和谷歌，我一直在做与 AI 相关的事情。AGI 目前离我们很远，但是 AI 可以创造巨大的价值。2012 年，创新工场投了第一家 AI 公司旷视，之后创新工场又投出了 10 多家独角兽，至少 2 家上市，还有几家准备排队。我们对 AI 一直抱有很大的热情。

可是对于 AGI 来说，过去 3 年才看到可能达到 AGI 的浪潮。先稍微定义一下 AGI，它能够不断地快速学习成长，只要有更多的数据和更多的 GPU，它就变得一年比一年聪明，能够自我学习、自我成长。这样的技术是人类从来没有见过的。在成长过程中，它能在 95%，甚至有一天在 99% 的工作任务上超过人类。我们可以把这个定义成接近 AGI。

最后剩余那 1% ~ 5%，是我们的感情，是自我意识，还是我们所谓的创造力？今天还挺难下定义的。之前很多人认为 AI 是没有创造力的，或者说很难有真正的很大的创造力，现在看来并非如此。

也有很多人认为 AI 是没有自我意识、没有感情的，今天依然如此。但是 AI 可以学会一种表象，让它们貌似有感情。所以慢慢地，剩下来的一些人类能做、AI 不能做的事的比例就会越来越小，是小到 5% 还是小到 1%，其实已经不重要了。

重要的是，AI 在 95%～99% 的事情上比人类做得更好，这会给社会带来什么问题，又会给社会带来什么价值？除了这 95%～99% 的事情，AI 还能做很多，比人类能做的事情多 1 万倍，这肯定会为人类创造巨大的价值，当然也会带来风险。我们怎么拥抱 AI 技术，才能降低它对社会产生害处的概率？这是我们首先需要注意的问题。AI 不能做的 1%～5% 的事情到底哪天能克服，就是其次的问题了。

冯大刚：我们今天看到主流大模型训练的三种范式都来自美国，如果我们用美国模型的话，是不是不可能超越美国？另外一个问题，中国是不是能独立研究出大模型训练范式？

张亚勤：的确，现在三个主流架构、主流的 GPT、自回归模型等都是在美国产生的。未来 5 年，整个架构肯定将有一个大的变化。现在最新的模型效率还是比较低，从耗能到对算力的要求，再到决策的效率、激活的方式，还有高昂的价格。

目前大模型的商业模式其实是有问题的，当模型的参数规模越大，特别是在大规模使用的时候，用得越多，亏得越多。当然这是暂时现象，大模型的效率肯定至少要有一个数量级的提升。

同时，一些新的算法一定会出现新的架构，我们希望是在中国出现。目前在研究层面的确有很多从 0 到 1 的工作需要去做。

但我认为，目前研究需要的数据、算力是我们的优势。另外，我也同意开复讲的，现在的大模型特别是 GPT 类型的大模型开启了我们走向 AGI 的一个通道。GPT-4 能力很强，但还没有到 AGI 的水平。接下来 10 年甚至更短的时间，我们可能达到开复定义的 AGI 水平。

对于很多时候媒体讲的"AI 有自我意识，就会替代人类"，我不认同。AGI 在大部分任务上比人类做得更好，包括脑力和体力。另外，它有自我学习、自我进化的能力，以及我们现在讲的自主智能的能力。我当时看到 ChatGPT 的第一感觉是，这是人类第一个通过图灵测试的智能体。当然外面有一些不同的意见，但至少我认为我们已经找到了其中的一个通道。

冯大刚：请问从今天 AI 的水平到未来的 AGI 之间，我们的下一个技术跃迁可能是什么样的，以及下一个类似于 ChatGPT 这样的现象级产品可能是什么？

李开复：当下最大的需要解决的问题就是刚才亚勤说的，模型越大能力越强，但是模型越大就越贵，用起来推理成本也会太高。我们从建零一万物第一天起就看得很清楚，怎么把手中的算力做好、降低推理成本是最重要的。

我们相信这是平台级的应用，相信像过去移动互联网必须由 3G、4G 支持一样，它需要有安卓、iOS 和其他操作系统作为支撑。对于这样一个能够真正实现、成本不太高又能达到相当大的模型尺寸的训练和推理，我们一定要将其实践出来（也许通过压缩等方法）。这是短期每一个公司都要做的，我们要把它视为当务之急。

我们在下一个阶段看到的竞争白热化就是多模态。人类的学习不是全都通过看文字，而是通过视觉、触觉和我们的理解，如此人类才会对真实世界有更深的理解，这正是多模态涵盖的领域。

刚开始我们可能会把图片、视频、语音输进一个已经训练好的文字大模型，这是第一步。下一步是把多模态的数据进行融合训练，文字大模型也可以进一步成为一个巨大的多模态大模型。再往下可能有一个世界模型，这样才能带来结构化的学习。文字本身在一定程度上自带结构，但是视频和图片是比较零散的。

另外，同样会发生的是智能体领域（自主智能）的技术，从以图形为主的用户界面走向代理式的用户界面。人类学习计算机的语言已经很多年了，当年 PC 是用键盘和鼠标，手机是用触摸屏，今天 AI 已经学会用人类的语言跟我们交流，我们不再需要自己去完整执行每一个任务，比如我太太周末生日，我要给她订鲜花、蛋糕，我告诉我的 AI 助理后，它不仅能迅速完成任务，而且能超出我的预期，这就是终极版的代理式用户界面。

这一天到来的时候，会有几次巨大的变革。一是用户体验彻底改写，我们不再需要那么大的视觉刺激或者输入。我们讲一句话，它说"好的"，就跟一位超级特助一样，能帮你把事情做好。二是整个商业模式都会被颠覆，这样一位助理就能取代今天很多商业模式。这些变化可能还需要 5 年或者更长的周期，也不是特别遥远，我们是可以期待的。

张亚勤：我讲一下大模型未来的六大趋势。

第一个就是开复讲的跨模态、多模态和多尺度大模型：新的大模型包括自然数据，也包括从传感器获取的信息。

第二个是新算法框架：我们需要新的算法来提升当前的大模型效率。当前的大模型采用稠密激活机制，计算效率远低于人脑且商用成本高昂，甚至模型用得越多，亏损越多。人脑是效率最高的智能体，人脑的储存量、计算量和能耗效率之高，是目前任何大模型都无法比拟的。我们需要新的算法体系（包括稀疏激活网络、效果更优的小网络等）来提升模型使用效率。

第三个是自主智能：模型正在成为一个代理，可以自主规划任务、开发代码、调动工具、优化路径、实现目标，包括 N+1 版本的自我迭代、升级和优化。

第四个是边缘智能：大模型需要很多算力和资源，如何在边缘和设备终端实现高效率、低功耗、低成本、低延时部署是一大关键问题。

另外两个很重要的趋势是物理智能（具身智能）和生物智能，比如把大模型与人的大脑相连、与生物体相连。未来智能是信息智能、物理智能和生物智能的融合，能力十分强，同时潜在的风险也很高。

冯大刚：李老师您觉得现在是大模型创收的高峰还是只是开始？中国什么时候会有一个大模型厂家能达到Open AI的收入水平？

李开复：要做一家科技公司，绝对不能不关注自己的收入、成长和未来的利润。我觉得一家高科技公司，刚开始可以说自己有多少博士、写了多少论文、拿了多少第一，但是不能作为商业模式的验证。投资银行看到了数字，才能说这是一家真的知道怎么做商业运营的公司。做不到这一点的，都很难成为一家伟大的公司。我们可以看到，微软、谷歌以及阿里巴巴、腾讯都受过这样的考验。所以我觉得，OpenAI今天有十几亿美元的收入，在一定程度上验证了这样的技术是有商业前景的。

但是从长期来说，能不能只靠AGI收费打造一个类似云的业务完全看业态。如果谷歌跟它打价格战的话，可能会造成两边不断降价，把一个本来可以溢价甚至有盈利的商机打成一片红海。我觉得这有一定的风险。

最终我们还是要相信，最挣钱的模式应该来自应用。应用有To B（面向企业）和To C（面向消费者）的可能性，我们的分析是，To B的业务比较有挑战、比较能产生红海。这不代表我们认为不可能产生一个很厉害的To B的大模型公司，我们也很乐于见到。只是如果回头看当年的计算机视觉，在某一座城市可能能拿到几千万的单子。但是之后就出来了一大批"四小龙"和一大堆"小小龙"去竞争，几千万的单子"打折"成几十万，最后卷到大家都赚不到钱。

这个问题怎么化解？今天不是"四小龙"而是"百模"，就算有一部分不能存活，那也是"十模"以上。每次一有大银行、保险公司招标，大家就靠竞价的方式，即使不赚钱也要拿到单子，这样一个惯性会把AI往系统集成商的方向去做。我觉得这是很有挑战性的，如何破局成为To B商业上最大的问题和挑战。当然我们也不排除某一家公司创造了巨大的价值，让B端公司愿意溢价付费，这可能会破局，但是在短期内有一定的难度。

另外，在To C的方向上，可以用AI和它对齐的能力做出很多有意思的应用。从娱乐到电商再到生产力工具，用它来制作文件、设计图片甚至制作视频等，机会很大。但是，它面临的挑战就是它有"幻觉",它会犯错。降低"幻觉"有两种方法:一种是靠技术或更大的模型,或者用新的技术去控制它;另外一种方法是挑一些对"幻觉"不敏感的领域,比如"幻觉"在小说或电影里就会变成一个创意,这也是可行的。

所以毫无疑问,大模型带来的短期机会,一个是它能生产内容,AIGC可以帮我们用更少的时间有效生出更多、更好的内容,得到商业回报。另外一个是像图灵测试一样做类人的应用,数字人也可以有很多用途。所以我们零一万物在To C上会花更多的精力,在To B上也会帮助同行杀出一条血路,找到非常好的付费模式和商机。

张亚勤:我们看OpenAI有多么成功的时候不要忘了微软,微软给OpenAI投了130亿美金,OpenAI用的几万个GPU都是微软云提供的。长期来说肯定有独立的商业模式,短期还是要靠一家大型公司、一个金主。

另外一点,我为什么要拿操作系统做比喻呢?现在的基础大模型十分重要,它像移动时代的PC和操作系统一样,有很多新的机会。比如最近发布的GPT 4.0 Turbo,你甚至可以定制自己的GPT,然后在上面做自己的应用并进行售卖,这以后一定会有很好的商业模式。但是,更大的机会存在于垂直领域的模型和基于大模型的各种各样的应用,就像曾经移动互联网上的应用,超级

App 可能有更好的机会。

我们需要大模型，但是不需要那么多，更大的机会是在垂直领域、具体应用的模型，这样的模型可能更多，而且有更大的甚至是上百倍的机会。PC 时代操作系统挣 1 元，生态赚 17 元，我没有计算过移动时代的比例，因为安卓免费不好计算。我想，AI 时代这个比例一定会更高。

横向大模型要靠公平的市场竞争，会有大公司，也会有一些创业公司，可能两三年之后会见分晓，最后也许有 5 家或 10 家在"百模大战"中脱颖而出。

一定要给初创公司机会，我们很多从 0 到 1 的创新、从 1 到 100 的创新都是初创公司做的。微软和谷歌，包括现在很出名的 OpenAI、DeepMind 等当时都是初创公司，所以我们不能假设现在的大公司就一定能主宰未来，时代变化的时候一定会有新的公司出现。

冯大刚：创业公司更善于使用 AI，所以可能会颠覆另外的大公司。我们看人类历史，比如历史上的首富一开始是做能源的，然后是做运输的，后来是做金融的，最后是做互联网的，您觉得下一位世界首富会不会是做 AI 公司的？

张亚勤：我觉得一定是，我认为未来 20 年是人工智能时代。

开复就正在实践。

李开复：这肯定是高风险、高回报的机会，我们看得很清楚，但是经过"百模大战"，最后能继续做大模型或者创造巨大价值的公司也不会很多。我觉得，今天每一个参与这个领域的人都是值得尊重的，因为这件事情很艰难，但大家看到这是对人类而言特别巨大的机会，依然往前走。

所有的技术在萌芽的时候，几乎都是美国领先。但是一旦技术开始被理解、开始成熟，中国是有机会能够后起追上的。所以在中国做大模型有很重大的、双重的意义。

冯大刚：几年前两位老师对 AI 怎么落地都做了预测，比如张亚勤老师提到 AI 在医药领域的落地，开复老师也提到 AI 在多个场景的落地，两位老师最看好的前三名场景有哪些？

李开复：一年之内我们将看到至少 1~2 个超级 App，比 ChatGPT 更让我们惊艳。

张亚勤：我想 5 年吧。第一个是自动驾驶和机器人方面会有一系列的公司出现，因为大模型解决了关键共识和常识的问题。我们过去和机器人对话的时候，觉得常识的问题很难解决，包括自动驾驶、无人驾驶中的边角案例、长尾问题等，而大模型的出现和发展会有很大的推动作用。

第二个是生物医药方面，我觉得未来 5 年内也会有一个大的提升。目前运用最多的是在生产力和 To C 领域，未来在 To B 领域将有很大的前景。

冯大刚：像 AI 这样的技术在今天具有这么大的影响力，这是一件好事还是坏事？

张亚勤：我觉得是好事，我是一个乐观主义者。刚才我讲了模型的能力越大，带来的潜在风险就越高。我也讲到了 6 个大的趋势，特别是后面提到的自主智能、物理智能（具身智能）、生物智能，它把人工智能用于人、用于生物和物理世界，所以会伴随很高的风险。

我认为我们必须重视这些问题。我一直讲人类有两种智慧，一种是发明技术的智慧，另一种是引导它走向正确道路的智慧。最近我们花了很多时间进行人工智能治理、风险方面的研究。我认为 AI 发展有以下三大风险，我们如果现在开始研究，是可以把 AI 引导到正确方向上的。

第一个风险是刚才提到的虚假信息、幻觉，包括不实的、有毒的信息。在信息世界里，它的风险是可控的，比如在数字人上会有标识，所以很多问题是现在的政策法规可以解决的。

第二个风险相对比较严重，一个大模型出来之后可能会失控，为坏人所用。

第三个更大的风险是物理世界都在用大模型，我们把大模型用于金融系统、银行系统以及政策制定，其潜在的应用风险可能更大。

所以，从现在开始我们要治理这些事情。当然我是乐观的，我认为我们是可以治理的。

冯大刚：开复老师您是乐观主义者吗？1/5用来保证安全，4/5用来冲刺，您同意吗？

李开复：回顾历史，每一项伟大的技术刚来的时候都有各种风险，比如电接到家里导致触电而亡，再比如互联网带来木马病毒，这些后来都被化解了。技术带来的问题可以用技术来解决，所谓的"用魔法打败魔法"。

冯大刚：我们过去发明的电没有生命，但AI可能有生命，而且AI比人类更聪明，您赞同吗？关于需要让科技发展变慢的说法，您赞同吗？

李开复：我同意 AI 可能有生命，但是到今天为止它没有自我意识，也没有真正成为人类定义的生命。它是聪明的，有推理能力，能够辅助我们做更多的事情，但是我不确定它是否能发展到有生命、有自我意识的水平。这个研究肯定是需要做的。

但是作为技术乐观主义者，我看到的是过去每一项技术给社会带来的好处远远大于它的坏处。它带来的问题有可能被技术解决，我们应该把握这样的心态让 AI 良性发展。

我支持鼓励一部分算力用在让技术可控、让技术不导致灾难上，但是更重要的是要让 1/5 或更多的科研人员去研究这个问题。不要让每位科研人员，尤其在高校、研究院的科研人员，都来研究谁的模型做得更大、更智能。研究治理、研究技术、让技术可控是同样重要的。

还有每个做 AI 的人都应该了解：权力越大，自己的责任就越大，造出这么聪明的东西，如果出了问题，那给世界带来的害处是很大的。

最后，有关让科技发展变慢的说法是绝对不可行的。因为没有办法管理谁在用大模型做训练，这个技术跟核武器是不太一样的。而且，我们看到马斯克一边说大家应该停止这方面的研究，一边自己做了 xAI，这么说的人是不是真的如他所言的"自律"呢？每一个有科技梦想的人都不太可能停止对技术进行更多的追寻、更多的实验和探索。实验和探索应该被鼓励，但同时也应该研究怎么降低技术的危害。

张亚勤：我呼吁我们做前沿大模型的这些企业，把 10% 的资金用到 AI 风险的研究上。AI 风险管理不是做出了一个模型让政府去管理或治理，它其实有很深的技术成分，包括研究的成分。我们在设计模型，包括在用数据建立模型、做推理对齐的时候，其实里面是深层的技术。所以技术人员必须与政策制定和监管部门一起做这件事，而非互相对立。

差不多一个月前，我和两位图灵奖获得者召集了全球 20 多位技术专家，商讨出人工智能的几个原则，第一就是做治理，鼓励最优秀、最聪明的人做这方面的研究，开发这项技术。我为什么乐观呢？因为我觉得大家都有这个意识，特别是以后我们让人工智能比人类更聪明、更有能力，但更重要的是让它更善良、更有创意，只有这样才能符合我们的价值观，才不会犯大错。所以最重要的就是要打造一个善良的 AI。

冯大刚：AI 比人类更聪明，有没有可能假装善良？

张亚勤：这是我们要研究的风险，我们要让它真正善良。就像我们从小教育小孩让他学习，让他以后去创新、探索，但最重要的是要有一颗善良的心。这里面当然有很多挑战，这是技术人员、创业者和大企业应该承担的责任。

冯大刚：开复老师觉得 AI 是否能让人类变得更幸福？比如，人类的贫富差距会变得更小吗？

李开复：我相信，人类最终会走向"丰饶时代"，但是要经过 10~15 年的巨大动荡期。从正面来说，AI 把我们从重复性的工作中解放出来，让我们找到人类真正存在的意义，这是非常巨大的机会。

但是短期来看，它会取代很多工作，我想取代工作这件事情本身对每一个人来说都非常负面。

所以我觉得，未来 10~15 年，全世界每个人可能都会拥抱 AI，获得 10 倍的生产力；或者被 AI 取代，面临失业的问题。我觉得一旦我们能够好好地化解这个问题——AI 虽然取代了工作，但是给社会创造了财富，甚至更多的财富——未来世界就可能丰衣足食，我们不用再担忧饥饿、贫穷的问题，未来可能每个人有更多的时间做自己想做的、适合做的事情，不必浪费时间做重复性的工作。

冯大刚：我们希望的 AGI 时代什么时候到来？在等待的时间里，我们普通人应该做什么？

张亚勤：我不知道，我觉得可能10年，也可能20年，我不清楚具体的时间。但我觉得最重要的一点是，我们要有自己的观点，要学会怎么问问题、怎么追问，对每件事要有自己独特的观点。另外就是一直保持学习。现在我每天都要看新的东西，包括读论文，5年前学的东西已经没有用了。

我觉得人类一定会越来越幸福，未来20年的人类是一个新的物种，是人类智能+人工智能。这就像现在的我们看山顶洞人，或者看100年前没有手机、没有电时期的人，仿佛他们是不同的物种。所以，未来人类一定会更加幸福。我们也不需要工作5天，可能只需要工作一两天。我们在早期工业革命时工作7天，后来减少到6天、5天，欧洲现在已经变成工作4天。

所以我觉得以后工作会变少，人们会花更多的时间做自己更享受的事情。我是乐观主义者，我们看看这演播厅里所有的创新，都是技术带来的，都是乐观主义带来的，悲观主义是没有未来的。

对话约翰·汉尼斯、尤瓦尔·赫拉利、杨澜等
生物智能、AI 科技和伦理[①]

杨澜：英国伦敦的一家公司发明了一种芯片，可以将它植入顾客的皮肤之下，只需要轻轻一挥手，就可以轻松地完成购物，这个芯片的售价仅为 199 欧元，重量不到 1 克，而且它具有生物的兼容性，置于体内后不会与人体细胞发生反应。据媒体报道，目前已经有 4 000 人植入了这款可支付的芯片。目前这项技术尚未普及，安全性也有待商榷，你们是否愿意在自己的身体里植入芯片？

约翰·汉尼斯：虽然我愿意，但我的意愿并不强烈，因为手

---

① 本文来自 2023 年 8 月 21 日的《文化相对论》节目，参与嘉宾包括：美国计算机科学家、2017 年图灵奖得主、MIPS 科技公司创办人、第 10 任斯坦福大学校长和 Alphabet 董事会主席约翰·汉尼斯，以色列历史学家、全球畅销书作家尤瓦尔·赫拉利，中国电视节目主持人及企业家杨澜，南开大学新闻与传播学院长刘亚东，中国社科院科学技术与社会研究中心主任段伟文。此处有修改。

机已经自带支付功能，所以我不需要在身体里安装芯片。

张亚勤：我不愿意，不过如果有更多的功能，我可能会考虑。

杨澜：那要增加什么功能你才愿意呢？

张亚勤：比如说我20年后很不幸地得了阿尔茨海默病，芯片能帮助我，让我的头脑变得更清楚，那我就会考虑。

段伟文：我倒是觉得，我愿意尝试这样一种方式，或者说我愿意在这样一个使用的过程中发现它有哪些问题。现在的问题可能还是这个技术发展不是很成熟。

杨澜：我们也采访了世界各地的年轻人，问了他们对于未来科技的看法和担忧。

——你们听说过埃隆·马斯克给黑猩猩装的脑机芯片吗？这太疯狂了，这就好比把人脑接入了互联网。
——最令人担忧的问题没有变，依然是未来的地球、自动武器系统，这些工具和技术都建立在同一个故事基础上——认为世界充满了冲突。

——《哆啦Ａ梦》里有一个画面，路面上都是方便步行者使用的自动滚梯，我希望有一天它能够变成现实。

——也许现在就有钢铁侠，也许现在就有金刚狼，最大的隐患就是也许某一天，某些政府或组织可能会拿它们来作恶，但是我们可能并没有提前察觉和预防。

——我对未来没有任何担忧。任何科技的发展，其初衷从来都不是荼毒社会或造成某些问题，可能是在某些人的手里，或者在某些程度的发展上产生了一些偏差吧！

提问：哪个科幻或科学怪人电影情节让你印象深刻？

——我是《星球大战》系列的铁杆粉丝，我喜欢它的整个传奇系列，善与恶的较量让我百看不厌。

——《钢铁侠》和钢铁侠本人托尼·史塔克，他的冒险传奇彻底改变了整个世界。

——《流浪地球》跟美国的科幻电影还是很不一样的。

——《黑客帝国》，尤其是第一部，它把人体放到一个系统里、不依赖肉体去生存。

——《蜘蛛侠》系列里有一个反派叫章鱼博士，他为了对抗蜘蛛侠研发了一套芯片，可以将其植入自己的身体。

杨澜：亚勤，你对年轻人的这些街采，有些什么样的感受？

张亚勤：其实我自己特别喜欢看科幻小说。我最喜欢的作者是阿瑟·克拉克，比如他的《2001：太空漫游》。好的科幻小说对于科技发明有着很重要的启示作用。比如说，克拉克在写书过程中提出同步卫星的概念，在那个时候这类理论根本不存在，但最后实现了。我觉得这体现了人类的想象力。对于科技的未来，我是乐观的，就像年轻人一样乐观。不过我们一定要对其进行管理。

尤瓦尔·赫拉利：我觉得在大脑中植入芯片没问题，但我担心这样一来会造成对全人类的全天候监控，从而建立起史无前例的极权主义统治形态。

杨澜：假如有这样一个脑机接口，可以把芯片安全地植入孩子的大脑，提高学习速度，增强记忆力和心算能力，从哲学的角度来看，你们会推荐这种做法吗？

尤瓦尔·赫拉利：在没有充分了解人脑和思维的情况下，安装芯片这类做法可能不会给人类带来升级进化而是使其衰退，正所谓牵一发而动全身，每一步改变都有可能引发无法预知的后果。所以，在考虑这些升级之前，我们首先要深入地了解自己。

杨澜：我也想问问段教授和刘院长，你们会推荐年轻人或者自己的孩子来安装这类芯片吗？

段伟文：我可能不会特别地推荐，对于知识的掌握，它不完全是一个理性、智能的输入和输出过程。实际上，人的智能是多元的，并且如果是通过这样一种方式，即便是在智能的某一些方面有所获取，他也可能丧失学习的一种乐趣和在探索过程中的一些历练。

刘亚东：想让我给我的儿子装这个，我会斩钉截铁地说不。但是，就我个人而言可能会选择接受，因为我现在碰到一个很大的问题——读书效率太低，每一次能记住的比例在不断地下降，读书对我来说变成了一项很繁重的脑力劳动。所以如果有这样一种技术，我想冒险尝试。

杨澜：亚勤呢？我知道你的儿子刚刚大学毕业，你一定看到年轻人在读书的时候是多么辛苦，要付出多少努力，如果能够让他们轻松一点儿，你愿意让他们在头脑里装一个芯片吗？

张亚勤：我不愿意，我儿子毕业时，我在哥伦比亚大学看到很多优秀的小孩，很重要的一点是他们都是不同的。如果我们以后用脑机接口植入芯片，然后做基因编辑，把每个小孩都变成所谓最聪明、最漂亮、最优秀的，我们的世界其实缺少了多样性和精彩性。

杨澜：我们还是需要一个多元的世界的。汉尼斯教授作为图灵奖获得者，你同意库兹韦尔的"奇点"预测吗？"奇点"理论由美国未来科学家雷·库兹韦尔提出，他认为电脑智能与人脑智能兼容的时刻不可避免。根据他的计算，纯粹的人类文明将于2045年终结。我想人类凭自由意志创造的机器是背后的困境所在，我们会迎来一个机器奴役人类的未来吗？你怎么看，还是说这过于遥远？

约翰·汉尼斯：可能目前还过于遥远，不必太当真。尽管我们在机器学习、深度学习技术方面有所成就，但我认为应用区间依然很狭窄，所以还有很远的距离。我认为距离诞生下一个堪比爱因斯坦、图灵或毕加索的机器还很遥远，面临的挑战很大，可能需要几十年才能突破。

杨澜：赫拉利教授，你在《未来简史》中表达了对"奇点"预测的认同和担忧，现在你怎么看？

尤瓦尔·赫拉利：我认为未来10～20年内"奇点"不会到来，但在一两个世纪的时间里，人类在地球的主宰地位可能会被不完全有机的实体取代。这些实体有别于人类，远比人类与尼安德特人（现代欧洲人祖先的近亲）或与黑猩猩之间的差别大，它们也许是半机械人，也许是百分之百的无机体，人类距离创造出生命史上第一个无机生命体仅有一步之遥。

杨澜：如果说"奇点"问题是一个可能过于遥远的、未来的问题，那么无人驾驶、智能交通已经成为我们当下需要面对的一些问题。比如说，亚勤博士一定知道所谓经典的电车难题。我听说，麻省理工学院的学生也把电车难题放到了网上让大家来投票。当你被问，如果这个轨道上是一位科学家而那个轨道上是一个罪犯，或者这边是一个老人而那边是一个孩子的时候，你如何选择？我想简而言之，尽管道德和伦理选择本身就常常自我矛盾和非常复杂，但是人类有没有可能把自己的这种选择灌输给一个算法和机器呢？

张亚勤：对，关于电车难题我被问了很多次，每次都不知道该怎么回答。首先，我觉得人类有人类的价值和伦理体系，机器应该去遵守人的伦理体系；其次，我们做科研、做无人驾驶，最重要的一个目的是要提高安全性，我们要安全地行驶，不要让任何人受伤或者发生死亡事故，但我没有更完美的答案。

刘亚东：我认为这是一个无解的问题，因为人自己都不知道该怎么做。即使是机器帮你做出了选择，你依然有可能不满意。

杨澜：也就是说，人类不能把自己的道德困境强加给机器，也不可能把这个问题交给机器来解决。段教授觉得呢？

段伟文：麻省理工学院的这个实验是一个实验哲学问题，我们今天讲的文化相对论其实是让不同地区的人来做选择，那么像在亚洲地区，人们可能更愿意选择保护老人、保护儿童、保护女性等。另外，确实有学者在做相关研究，比如美国的安德森夫妇在研究怎样给机器植入一种道德的算法，这是一种自上而下的方式。当然也有人工智能学家谈到，还有一种自下而上的道德学习方式，例如让机器人每天早上进行观察，主持人喝了一杯咖啡后觉得很精神，然后它就把喝咖啡作为一件好事记下来。

杨澜：我们街头采访了很多年轻人，问了他们对技术的社会影响的看法。

提问：如果可以穿越回 100 年前，你最想带哪项科技回去？

——我会带上苹果手机，看看 100 年前的人见到它会有什么反应，会不会感到不可思议。

——直升机，我觉得人们看到小型飞行器会无比惊讶。

——可能会带一套现在市面上比较先进的芯片。

——我想把基因编辑这项技能带回去，那样 100 年前的人就可以很长寿了。

提问：你觉得哪项科技是造福人类的？

——我觉得造福人类最多的还是医疗设备吧！因为它很好地提升了人们的生命健康。

——我认为是假肢，现在已经有与神经系统相连、能够通过意念进行控制的假肢。

——元宇宙听起来是一个很棒的设想，特别是疫情时，网络无所不在。

——让人幸福的技术，应该没有吧！感觉还是原始人过得最无忧无虑。

提问：哪项科技你宁愿它未被发明？

——当人类第一次引爆原子弹后，主要负责的科学家罗伯特·奥本海默，曾经启示性地表示，他为此感到后悔，但是历史已成定局。

——穿越星际的火箭船。我们要用什么燃料呢？我觉得我们还达不到。

——我觉得人类创造出的最危险的技术是火，没有火就没有一切。

杨澜：没有火，人类可能还生活在洞穴中，汉尼斯教授你对这些年轻人的奇思妙想有何看法？

约翰·汉尼斯：我觉得很有意思的一点是，大部分人提到了某项技术，却没有人提到基本的科学认知，假如穿越回两三百年前，我会把细菌理论带回去，这样人们就会了解到疾病源于细菌，人类的生命健康便会立即得到改善。所以我认为科学认知是提高人类潜能和生活质量的根基。

杨澜：在过去的一个世纪里，人们对科技进步进行深刻反思，启发我们深入思考发展方式，赫拉利教授，请你从西方的视角简单谈一谈哲学、思想、文化以及科学研究和技术创新之间的相互作用机制。

尤瓦尔·赫拉利：我认为科技革命兴起于西方，其中的关键在于对无知的认识，无知是科学思想的核心。如果人自认为通晓天地从来不犯错，那么就丧失了探索和发现科学的空间。承认无知，大胆地说爱因斯坦、达尔文都答不上来，能够不断地质疑和研究，这就是现代科学的精神内核。

杨澜：赫拉利教授，有一些学者发出这样的提问——为什么工业革命发生在英国而不是其他国家？对此你怎么看？

尤瓦尔·赫拉利：关于欧洲的独特性我听到过很多理论，但没有一个令人信服，即使是在思想自由方面，欧洲对异端思想也不甚容忍。欧洲曾多次发动残酷的宗教战争和血腥的"猎巫"运动，同时也是科技革命的诞生地，追溯到无知这一主题我也感到很迷惑。

杨澜：技术突破给人类的思想和文明带来了巨大的影响，例如马丁·路德《九十五条论纲》的传播得益于欧洲印刷技术的成熟。你还能给我们举一些其他的例子吗？技术反过来是如何影响文化和人们的思维方式的？

尤瓦尔·赫拉利：科学推动了技术进步，但技术引发的后果多种多样，进步未必都是好事。以印刷机的发展为例，很多人认为是印刷机推动了科学思想的传播，但在早期欧洲大多数书籍并非伽利略或哥白尼的科学著作，当时民间流传着上百本关于"猎巫"、犹太人或撒旦教阴谋的书籍。技术的关键取决于人类如何使用它，仅仅通过创造更强大的技术未必会使世界更美好。

杨澜：汉尼斯教授，斯坦福大学的办学使命是以整个人类的文明进步为最终利益，你如何将对伦理和道德标准的信仰，转化为科学研究和技术创新的动力？

约翰·汉尼斯：我们都希望摒弃孤立主义，通过共同努力提高世界各地人民的生活质量，正所谓，没有人是一座孤岛，当今世界各国同样如此。在部署应用新技术时，我们要考虑它是否符合人类的长期利益，或者说需要做出哪些改变使其迎合大的发展方向。

杨澜：我们来看看年轻人对于未来科技的发展存在哪些疑虑。

提问：科技发展带来了哪些伦理问题？

——我认为是网络浏览器，大家在上面搜索各种内容，自己的观点反而被埋没，很容易受到他人意见的影响。

——人工智能降低了人们日常生活的参与度，比如自动驾驶汽车，本质上是在替人类和人类的行为承担责任，这一点让人感到遗憾。

——技术的使用掌控在一部分特定群体的手中，比如说他们知道如何参与数字化互动，我们要想办法让技术触达每一个人。

——一位青年教师发明了一项基因剪辑技术，这相当于试图挑战自然，完成一个基因优化的过程。

——如果仿生人越来越像人的话，那它现在会不会也开始要求人权，或者说"仿生人的命也是命"，会有各种各样的麻烦？

——进入开发宇宙的领域利益如何分配，类似这种问题会不会引发世界战争？

——我会担心自己的工作什么时候被人工智能代替，孩子的教育也会遇到问题。

杨澜：赫拉利教授，你如何看待年轻人关注的问题？

尤瓦尔·赫拉利：我也关注就业市场的动荡形势，如今人工智能和机器人已能彻底扰乱就业市场，但其又会对发展中国家的人造成什么影响？以未来视角来看这些未发生的事情才更让我们忧虑，因为我们对此不甚了解。

杨澜：在过去的几次工业革命中，比如说人们失去了一份在工厂里的工作，还有可能成为超市里的一个收银员，今天不仅是蓝领的职位，还有白领的一些职位也会受到机器的威胁。你怎么看待在这样的环境下人们的就业机会，以及市场给予资本和劳动力的这种回报差距在不断地加大？亚勤，作为一名科学家你想为此做些什么呢？

张亚勤：的确，有一些工作会消失，其实就是所有重复性的工作，不管是体力的还是脑力的，都会慢慢消失。一方面，我们需要通过教育、培训让更多的人了解新的技术，适应新的方式；另一方面，我相信会有更多更有创意、更高品质的工作产生。回看每一次技术革命，它带来更多而不是更少的机会。未来生产力大幅度提高，我们将花更多的时间去和家人在一起，做自己喜欢的事情。

约翰·汉尼斯：现在技术种类多样，有一些技术只是在现有事物基础上做了改进，在我们看来这种技术有一定的市场，因为它们能提高我们的工作效率，而这正是我们当下需要的。此外还有一些我们之前未想到的新兴市场，比如社交媒体市场。

段伟文：我们现在的科技实际上是不断优化的科技，但是在优化的过程中，很可能普通人只是被优化的对象。在这样一个科技时代，它是不是让每一个人都公平地获得了技术带来的红利？我觉得只有在这种情况下，才能谈得上每一个人有更多的空间去发展自己，然后有更多的机会去学习，去做自己喜欢做的事情或者追求自己想要的幸福。

杨澜：下面来谈一谈个人隐私问题，赫拉利教授，将人工智能应用于互联网需要什么共同规范，你有哪些建议？

尤瓦尔·赫拉利：我认为有几项重要原则需要遵循，但实施起来很有难度，其中一条简单的原则是收集个人信息应当用于回馈个人而不是操控个人。

杨澜：或者说个人至少应享有知情权。

尤瓦尔·赫拉利：没错，但人们很难察觉到个人信息被收集。

在加强监控个人的同时必须加强对政府和企业的监控，企业很乐意监控个人，但当个人反过来监控企业时，它们便以私有信息不便公示为由拒绝。

杨澜：汉尼斯教授，你作为信息科学家在这方面有哪些观察，有没有一个解决方案？

约翰·汉尼斯：在社交媒体中会形成所谓的围墙花园或茧房，一旦用户对某些内容表现出兴趣，算法会自动强化输入迎合兴趣点，所以我们需要回到城市广场上接触多元化的信息。

张亚勤：我在清华成立了智能产业研究院，在第一封邮件中提到了做人工智能的原则，当时我们称之为人工智能向善。人工智能有一个3R原则：积极响应、韧性发展、坚守价值。技术人员有时只做算法、只从事技术，反而忘了为什么做这件事。

杨澜：其实，今天中国把创新国家建设放到了一个重要的议事日程上。根据世界知识产权组织发布的《2021年全球创新指数报告》，中国创新能力的综合排名已经上升到世界第12位。动用市场的力量来促进创新，是非常重要的一种文化机制和社会环境，包括容错机制和鼓励创新的机制。但是，我们不得不承认市场并不是万能的，所以其实在中国，一些基础的研究以及暂时可能少有市场回报的技术发展，是需要国家的力量来进行投入的。我们的创新环境，也一定有我们自己的制度或者是文化的特色。是不是这样呢？

刘亚东：创新实际上就是要把知识变成价值，那么把知识变成价值的场域必然是市场，所以只有在社会主义市场经济的条件下，我们才能够让技术发明获得持久的繁荣，让它走得更加久远。当然了，市场不是万能的，政府在基础科学和一些共享共性技术的开发上进行投入的做法，不仅发生在中国，国外也一样。

张亚勤：还有一点我觉得特别重要，就是自由的土壤。其实中国真正的科技发展，也是由于改革开放对科技的重视，由于有科技创新的投入，然后有改革开放至世界的接轨，我们的科技发展才在很多方面接近或达到世界的水平。所以我觉得，中国目前整体的这种文化创新环境，使中国在第四次工业革命可以与全球其他先进国家一同发展。

杨澜：其实我也想问问两位外方嘉宾，随着中国科学研究和技术创新的发展，也有一些西方的人认为中国是不是国强必霸，所以对于中国科技的发展还是有很多不信任和戒备，从你们的角度来看中国的这种发展轨迹是怎样的?

约翰·汉尼斯:回顾历史上的乒乓外交,那是中美之间的第一次学术交流,当时确实在中美两国之间建立起了信任感,我认为这一点很重要。

尤瓦尔·赫拉利:在超级大国之间,以及超级大国与人类之间建立起信任,从而免去人们对进入新帝国时代的担忧,这非常重要。

杨澜:也就是说,需要提高认知,加深相互理解,通过善意化解种种忧虑。汉尼斯教授,你认为能否通过跨国合作来解决共同问题,并形成共同价值观或行为准则?

约翰·汉尼斯:科学是一项跨越国界的国际合作事业,它在前人取得成就的基础上不断演进。比如,气候变化是当今世界面临的一大危机,解决气候变化问题困难重重,不可能一蹴而就。斯坦福大学最近设立了一所专门从事气候变化和可持续发展研究的新学院,这是 70 年以来首次增设新的学院。我相信,解决气候变化问题离不开全球合作创新和政策实验的扶持。

杨澜：赫拉利教授，你对此乐观还是悲观？

尤瓦尔·赫拉利：我希望能实现，但并不感到乐观，没有一家跨国公司或哪个国家能够独自解决气候变化问题。人工智能技术的普及也需要制定全球法规。我们借助人工智能和生物技术发展壮大，但与此同时，我们目前面临的最大挑战是：如何确保提升人们的幸福感，避免技术沦为少数精英人群控制大众的工具。纵观历史，人类日益强大，但大多数个体的幸福感并未提升，21世纪我们面临的一大挑战是确保历史不会重演。

约翰·汉尼斯：我们需要教育年轻人结合伦理去思考，并且关注人类的共同利益，对科技领域而言这一点尤为重要。我们注重培养医生和律师的伦理道德，但可能我们并未花费很多时间来培养未来科学家的伦理道德。

杨澜：爱因斯坦在59岁的时候写了一封信给5 000年后的人，当时这封信作为时间胶囊被放入一个合金容器中，埋入了纽约世界博览会的建筑地基下。信中有这样几句话："我们的时代充满了创造性的发明，这大大方便了我们的生活，把人类从繁重的体力劳动中解放出来。但是，商品生产和分配完全是无组织的，人们不得不为自己的生计焦虑和奔忙，而生活在不同国家的人总是过一段时间就要互相杀戮,这让每个想到未来的人都充满忧虑和恐惧。"这封信给人类带来了警示,而中国的古老智慧也给我们带来了一些启发,比如老子说过"有术无道止于术",庄子又说"以道驭术,术必成;离道之术,术必衰"。科技发展迅速,一旦被用在了错误的地方,就很有可能引发无法挽回的后果。科技发展能够决定我们奔跑的速度,但最终决定我们前进方向的,还是人类的共同价值观。

对话麦克斯·泰格马克、大卫·克鲁格
未来已来，AI 发展的影响和风险[①]

图 8.4 张亚勤与麦克斯·泰格马克、大卫·克鲁格对话活动现场

---

① 本文来自 2023 年 6 月 8 日上午，"AIR 大师对话"系列活动的第三期，本次活动主题为"AI 和社会的未来：谈 AI 发展的影响和风险"。张亚勤与未来生命研究所的创始人之一、麻省理工学院教授麦克斯·泰格马克，剑桥大学助理教授大卫·克鲁格就 AI 发展带来的潜在影响、风险及如何监管进行了深入的交流和讨论。此处有修改。

张亚勤：为什么我们的生活是现在这样？例如，1.0 版本的生命是细菌这种简单的形式，我们现在处于 2.0 版本，虽硬件在自然进化，但软件则受到文化、语言和计算技术（包括人工智能）的影响，未来的 3.0 版本可能是通用人工智能，它将使我们的身体和软件都发生巨大的非线性进化，大家怎么看？

麦克斯·泰格马克：这是一个非常有趣的问题。几年前，大多数同事认为 AGI 还需要几十年甚至更久的时间才能实现，但现在情况发生了很大的变化。微软的论文声称我们已经接近 AGI 了，比如 GPT-4 就有了 AGI 的火花，很多科学家认为可能在未来一两年内就能实现 AGI，这是我们历史上最有趣的时刻，我们有机会让这项技术变得伟大，但也可能犯大错，所以思考如何引导技术朝着好的方向发展非常重要。

张亚勤：没错，这需要我们的智慧。一方面要继续投资技术，另一方面要确保技术朝着正确的方向发展，这就是治理的重要性，我们如何确保社会给予人们和公司正确的激励呢？同时，地缘政治气候变得更加紧张，这也给技术发展带来了挑战，技术不是零和游戏，东西方应该共同受益，这也是未来生命研究所成立的原因之一。说到这里，您发起了暂停人工智能研究（特别是比 GPT-4 更大规模的研究）6 个月的公开信，您能详细介绍一下这个研究所和公开信吗?

麦克斯·泰格马克：9年前我创建了未来生命研究所，它关注的是所有生命（不仅仅是人类）在未来都有繁荣发展的机会，我们致力于引导技术向善。我们从2015年开始努力将人工智能安全纳入主流，举办了第一次会议，会聚了专家和关注者，还启动了第一个资助人工智能安全技术研究的拨款计划，并且努力教育欧洲和西方的政策制定者进行更负责任的治理，同时试图缓解地缘政治紧张局势，鼓励各方合作。我们发起暂停信是因为一些公司（主要是一家美国公司）在部署越来越大的系统时，没有充分理解其影响，这迫使其他公司和国家不得不跟进，这与赢得这场竞赛的正确方式背道而驰。我们并不是要暂停所有的人工智能研究，只是希望在建立安全标准之前，暂停比GPT-4更大规模的研究6个月，让所有领先的公司和专家共同探讨如何确保其安全性。这其实是一个很古老的想法，比如生物技术中新药研发必须经过政府严格审查确保安全后才能上市，其他行业如航空、汽车也都有安全标准，人工智能也应该如此。中国在人工智能监管方面最强，欧洲次之，美国目前几乎没有监管，希望这能有所改变。

张亚勤：非常感谢您的分享。接下来请第二位专家分享一下您关于人工智能的研究以及安全和对齐方面的工作。

大卫·克鲁格：几年前我开始建立实验室，我在 DeepMind 工作过，也在米拉的阿斯特拉·本吉斯小组从事过深度学习研究，还在牛津大学人类未来研究所实习过。自 2012 年从杰夫·汉森的课程中了解到深度学习后，我就意识到它可能会改变我对有生之年能否实现 AGI 的看法，从那以后它的发展非常迅速。我创建这个实验室时，就打算至少投入 50% 的精力在安全和对齐工作上，现在这个比例一直在提高，我希望在不久后能达到百分之百，因为我们现在更需要的是让人工智能做有用的事情，理解它的工作原理并更好地控制它。我们团队研究的主题很多，我采取比较放任的态度，招聘我认为优秀的人，让他们做自己想做的事情。我们有人研究可解释性，研究深度学习的科学，特别是模型学习的决定因素和泛化方式，以确保它们按照我们期望的方式泛化而不是错误泛化；也有人研究构建人工智能代理可能出现的失败情况，虽然从安全角度来看，强化学习向大规模深度学习的转变可能是好事，但我们担心这种趋势会逆转，比如人们基于这些开发出像 Auto-GPT 这样的东西，我个人非常担心构建智能自主代理并将其释放到世界中的风险。我们一直在努力提供证据和理由说明这是一件危险的事情，包括奖励黑客攻击方面的工作，即证明没有一个代理奖励是足够好的，需要完全正确的奖励函数才能确保优化它不会使情况更糟。还有目标错误泛化的工作，即使有正确的奖励函数，代理也可能学习追求错误的目标。最近很多工作都是在确定我们需要格外小心的地方。此外，还有很多工作在试图弄清楚深度学习系统如何泛化，以及在学习过程中我们能否理解它在学习什么和什么在影响它，这对我们负责任地推动构建更智能的系统非常重要。

张亚勤：确实，人工智能伦理、治理和政策不仅仅是制造商的工作，科学家和技术专家也需要确保从数据收集到模型构建等所有过程中的各个要素都得到妥善考虑。这让我想到一个问题，在未来 5～10 年，生成式人工智能研究聚焦优化大型语言模型，新的范式架构会有哪些发展呢？

麦克斯·泰格马克：5～10 年的时间跨度在人工智能领域很难预测。未来两三年内，我担心如果人们开始使用人工智能系统来编程，可能会出现一种更难理解的范式，即使是构建仅在软件层面运行的代理，也存在重大风险。目前的扩展范式可能在短期内继续发展，但谁也说不准。也许有些东西即将出现，但我希望人们不要急于将它们变成代理并应用到世界的各个方面，不过目前看起来这似乎是发展方向。

大卫·克鲁格：我完全同意，非常疯狂的事情可能在未来两年内就会发生，比十年内发生的可能性更大。我们已经看到从

GPT-4 到 Auto-GPT 的发展速度有多快，GPT-4 这样的系统虽然目前看起来只是回答问题，但如果用它来写代码并开发更强大的东西，风险是非常大的。可以想象把 GPT-4 或其他大型语言模型作为强大的系统构建到代理中，再结合它们编写代码的能力，我们可能会很快失去对这种发展的控制。

从长远来看，技术一直呈指数级增长，过去人类发明火药等技术时，增长翻倍的时间较长，但现在时间越来越短，就像现在很多人使用辅助编程工具，编码速度加快，这本身就是一种加速，意味着翻倍时间缩短。如果继续这样发展，最终可能会达到不需要人类就能产生下一代人工智能系统的程度，这就是 AGI，那时可能会出现递归自我改进，我们对人工智能就真的失去控制了。

张亚勤：你们提到的这些观点引起了很多关注，很多人存在疑问，尤其是在机器学习社区和安全社区，甚至包括我自己，人们很难想象这些技术存在的未来风险，往往只看到当前的应用，比如认为 GPT-4 只是一个语言模型，只会预测文本，没有意识到其潜在风险。

麦克斯·泰格马克：GPT-4 对于人工智能就像恩利克·费米在芝加哥足球场下建造的第一个核反应堆一样，当物理学家看到它时感到非常害怕，因为他们很快意识到这项技术将带来核武器和失控的核军备竞赛。我认为 GPT-4 也是如此，我很感激发起暂停人工智能研究公开信的人，也感谢很多人包括我自己一起签署了这封公开信。

张亚勤：您能分享一下为什么签署这封公开信吗？这是非常勇敢的行为，毕竟没有媒体压力，只是内部的事情。

大卫·克鲁格：我有同样的担忧，我从事这个领域多年，每当我们取得重大进展时，我就担心会失去控制。在微软的工作中，我一直积极倡导相关原则，虽然我同意公开信中的很多主要观点，但我也认为暂停 6 个月不太可能实现。我们希望能让这个讨论成为主流，让人们能够安全地讨论这个问题，我知道很多在中国的同事也有同样的担忧，清华在人工智能治理方面也有很多研究。

张亚勤：从数学角度来看，您认为人工智能特别是 AGI 和未来人工智能的数学基础是什么呢？

麦克斯·泰格马克：这是一个很好的问题。首先，信息本身是非常数学化的，正如克劳德·香农阐述的信息论，它是人工智能的核心和基础。我认为，使整个人工智能革命成为可能的、最重要的一个理念是，意识和智能是信息处理过程。很长时间以来，很多人认为智能是神秘的、只能存在于人类思维中，因而否定人工智能的可能性，这种错误在西方尤其常见。但现在从人工智能研究中可以清楚地看到，重要的是信息处理的本质，而不管信息是由大脑中的碳原子还是计算机中的硅原子处理。此外，还有很多数学工具对于更深入理解智能和人工智能的本质非常有帮助。如果我们想要控制强大的 AGI 和超级智能，就必须深入理解它，这样才能证明关于它的定理。

大约 7 年前，我将我的麻省理工学院研究小组转向人工智能研究，专注于机械可解释性领域，我们试图深入理解强大的人工智能系统是如何工作的，信息论是其中的一个组成部分，还有复杂性理论等很多其他数学工具。我们需要做更多的工作，对这个领域感兴趣的人可以一起合作。我在麻省理工学院组织了第一次真正意义上的大型会议（虽然当时只有 140 人，但这已经是这个领域最大的会议了），这个领域正在迅速发展。我认为我们不应该对理解这些强大而复杂的系统过于悲观，我们可以利用人工智能本身来简化它，以便更好地理解和证明与它有关的事情。我的最终愿景是，在未来，我们只信任那些能够证明自己会按照我们期望行事的人工智能系统，就像病毒检查器一样，如果人工智能能提供证明，那么硬件在运行它之前可以检查这个证明，只有通过检查才能运行。

对话柯蒂斯·卡尔森
创新以致远[①]

图 8.5　张亚勤与柯蒂斯·卡尔森对话活动现场

[①] 本文来自 2024 年 6 月 7 日，"AIR 大师对话"系列活动的第五期。SRI International 前总裁兼首席执行官柯蒂斯·卡尔森教授做了题为《创新以致远》的演讲。问答环节由 AIR 无锡创新中心执行主任陈亦伦博士主持，张亚勤参与并提出关于创新、问题识别、技术演进和组织结构的深刻见解。原对话为英文，由 ChatGPT 翻译为中文。此处有修改。

陈亦伦：找到真正的问题并识别需求非常困难且昂贵，识别和定义问题的最佳方法是什么？

柯蒂斯·卡尔森：识别真正的问题充满挑战且代价高昂。第一步是识别最终用户，并通过访谈、实验和演示与他们进行密切互动。只有与最终用户紧密合作，他们才会透露问题。

张亚勤：有时，产品是为了产生需求而创造的，iPhone 就是一个例子。

陈亦伦：技术如何演进？

柯蒂斯·卡尔森：许多技术是由于各种领域的融合，特别是由于基础设施技术的进步而呈指数级发展。在协作环境中分享和改进想法至关重要。成功的创新常常通过简单的原型展示概念，如达芬奇系统早期的机械臂演示。

张亚勤：技术的成熟度和客户的准备程度至关重要。像高清电视这样的创新，只有在数字和传输技术进步时才能实现。达芬奇机器人手术系统的成功故事说明了简单有效的演示和确保进一步发展的投资的重要性。

陈亦伦：NABC 框架①是完美的吗？它在过去 30 年中是如何演变的？

柯蒂斯·卡尔森：没有框架是完美的，但 NABC 框架为创新者指明了正确的方向。它确保创新的焦点从客户开始，培养了整个组织的价值创造思维。该框架在各大组织中已被多次验证。

张亚勤：NABC 框架的简单性帮助团队对关键优先事项达成一致，避免了不必要的复杂性。

陈亦伦：应如何在组织中建立企业创新结构？

柯蒂斯·卡尔森：组织结构应鼓励追求"下一个大事物"，领导层负责监督这一过程。然而，每个组织必须根据其独特的文化和目标调整其方法。

张亚勤：不同公司有不同的文化。例如，苹果的封闭文化与微软和谷歌的开放文化形成鲜明对比。在 AI 时代，开放性对促进创新至关重要。

---

① NABC 框架，即 Need（需求）、Approach（方法）、Benefits（收益）、Competition（竞争）。——编者注

陈亦伦：如何激发人们的需求？

张亚勤：人们有节省时间和消磨时间的需求。了解这些基本需求可以推动创新。

柯蒂斯·卡尔森：通过理解大脑中的化学反应，如内啡肽和多巴胺，创新可以被驱动。

陈亦伦：科学技术对普通人有什么好处？

张亚勤：科学技术作为伟大的平等器，简化了复杂的解决方案并改善了人们的日常生活。

柯蒂斯·卡尔森：技术进步能不断提高普通人的生活质量。

陈亦伦：年轻科学家应该专注于什么？

柯蒂斯·卡尔森：培养识别他人需求的技能对长期成功至关重要。每个人都应该将自己视为价值的创造者，专注于满足最终用户的需求。

对话郭帆
AI 涌现与电影工业 3.0[①]

图 8.6　张亚勤与郭帆对话活动现场

[①] 本文来自 2023 年 7 月 6 日，在 2023 年世界人工智能大会（WAIC）主论坛科学前沿全体会议（Plenary Session · Scientific Frontier）的跨界对话环节，张亚勤与电影《流浪地球》系列导演、北京电影家协会副主席郭帆，围绕 AIGC 技术在电影中的应用及 AI 发展的风险管理等议题，开展的一场跨界对谈。上海交通大学副教授、电影制片人马瑞青为主持人。此处有修改。

马瑞青：电影与科学之间联系紧密，电影艺术的存在依赖于科学发明，从照相术、移动影像到如今的三维及沉浸式影像，两者始终息息相关。今日早些时候发布了书生大模型，它能够实时渲染巨大场景，如天际 LandMark。在此对话开场，有请张亚勤院士简要回顾人工智能的发展历史及现状。

张亚勤：人工智能已有 60 多年的历史，近 10 年取得了重大突破，深度学习借助海量数据、大模型、算法和算力实现飞跃，尤其过去两三年实现从量变到质变的飞跃。以我首次接触 GPT 4.0 为例，其发展体现在三个方面：一是从感知到认知的跨越，过去侧重于语音、图像、字符识别等感知领域，如今更多地涉及推理、思考以及对语言和视频语义的理解等认知层面；二是从专用算法人工智能迈向通用人工智能，过去针对不同任务如语音、图像、自动驾驶、蛋白质解析等需特定算法、模型或数据集，如今则相对通用，虽然 GPT 4.0 尚未达到通用人工智能的程度，但提供了发展路径；三是从鉴别式或分析式人工智能发展为生成式人工智能，过去主要对内容事件进行分析、预测和决策，现在能够创造生成新内容，如文本、图片、视频、蛋白质、编码、工具等，今日发布的 LandMark 和书生便是例证。不过，目前人工智能技术在电影应用中尚不成熟，距离高清长电影的要求还有较大差距。

马瑞青：今日发布的书生大模型实现了文本、图像、视频多模态互通与相互学习。请问郭帆导演，当前这些发展与电影等视听产业需求以及日常生产消费需求之间是否存在差距？若存在，差距体现在哪些方面？

郭帆：看到上海人工智能实验室发布的书生模型，我深感震撼与自豪，同时也在反思。此前我对 ChatGPT 的使用较为随意，今后会更加礼貌。就您的问题而言，在实际应用中，《流浪地球2》已运用人工智能进行演员增龄、减龄及声音修复，通过数百次迭代生成。但目前 AIGC 生成的视频或图片精度尚未达到电影级别，不过在可预见的未来有望实现。因此，我们希望借此平台，与团队更多地了解新技术发展，从认识 AI 入手，探索未来发展方向，以学生的心态学习。

马瑞青：您对人工智能的未来有何期待？例如在未来影片中，像《流浪地球2》中的减龄、增龄应用相对目前发布的应用较为狭窄，未来其可能拓展的形态难以预估，在对其缺乏深入了解时，很难判断。

郭帆：我们此前常讨论，若生成视频的闪动统一性等问题逐步解决，鉴于电影由镜头组成，未来有望节省时间和资金成本。

但是，这也会给行业内许多部门和艺术家带来冲击，引发危机感。

马瑞青：针对此问题，包括人工智能未来发展以及创作者的焦虑，请问张亚勤院士有何回应？

张亚勤：从技术角度来看，上述问题有望在未来5年内得到解决。过去两年进展迅速，此前GAN（生成式对抗网络）等技术生成的图片存在诸多问题，如今已有很大的改进。若有需求，科学家和工程师可研发新算法，实现语义、镜头、场景的连贯性以及高质量输出，涵盖前期构思、摄影及后期制作。但是，无须过度焦虑，AIGC再好也只是工具，真正的创造力、创意、想象力和灵感仍源于作家、导演、演员等，AIGC无法替代，只会助力他们做得更好。关键在于创造良好的工具及人性化、简洁的界面，方便导演和演员使用。过去的电影特技制作，如《阿凡达》《泰坦尼克号》从2D到3D的转换，技术问题可以解决，重要的是创意和界面。

马瑞青：请问郭帆导演，艺术是否可能反哺科学创新？科研灵感是否可能源自电影或艺术？除了提供技术解决方案，两者之间是否存在其他关系？

郭帆：张院士的话在一定程度上缓解了我的焦虑。我们希望尽快掌握人工智能应用，在我们的领域已知约有 24 个应用方向，计划在未来通过作品尝试，包括短篇计划和未来电影计划，在前期创意、剧本创作、实际拍摄、后期制作、宣传发行等各个环节探索应用，测试可用性，明确哪些部分可立即应用，哪些部分尚需等待，这是未来半年多的计划。同时，我们也希望进行更多的考察，把握新技术的发展趋势。例如，《流浪地球2》拍摄时现场人员达 2 200 人，团队规模近 3 万人，传统制片逻辑难以协调如此大规模的人员，我们期待未来随着技术的发展，或许剧组人数会减少，但借助技术，协作能力可能会提升，实现上万人甚至上百万人同时协作。我们希望尽快构建起电影工业化 3.0 雏形。

马瑞青：科幻创作及科幻电影中的概念对您有何启发？对科学研究又有何启发？

张亚勤：科幻与研究紧密相连，人类的好奇心、想象力和创造力主要体现在对宇宙和生命的探索上，科幻小说和电影多围绕这两个主题展开，如时空漫游、太空漫游、机器人、数字人虚拟等。许多发明灵感源自科幻小说或电影，如平板电脑、无人机、无人驾驶、激光武器等，灵感来源包括《星际迷航》《星球大战》《回到未来》《黑客帝国》等。我个人也深有体会，大学时观看《未来世界》，该电影讲述了机器人失控又被控制的故事，我受其启发努力学习信息论、控制论，后来从事人工智能机器人研究，近年专注于无人驾驶领域。此外，卫星通信最早的创意源自阿瑟·克拉克发表于1946年的科幻文章，他计算出在36 000千米同步轨道布置三颗卫星就可以覆盖地球大部分区域，20年后第一颗卫星建设主要参考了该创意。阿西莫夫的"机器人学三定律"于20世纪40年代提出，至今仍在沿用。未来，科幻电影导演和科学家应携手合作，相互启发。

马瑞青：我们此前将人工智能视为工具，探讨其在20多个工种中的应用及对效率的提升，进而思考我们与人工智能的关系。那么，在人工智能研发或接触过程中，无论是作为艺术创作者还是科学家，二位是否感受到人工智能带来的挑战或威胁？如何看待这些瞬间？

郭帆：我确实感受到了挑战和威胁，否则不会在此探讨。例如，Midjourney生成的概念设计和分镜，让我们思考概念设计师的出路。在概念设计中，将文字转化为画面，经验丰富的概念设计师可能需花费一周时间，而Midjourney一晚就能生成一两百张图。我们的美术指导做过实验，将人工绘制和机器生成的图混合起来给导演看，首轮淘汰的多为人工绘制的图。在剧本方面，前几天我与刘慈欣老师交流时也提及，包括小说写作和剧本创作在内，虽目前生成的作品难以达到灵感闪现的高水平，但在一定水准上已具有可读性。这些应用已逐渐进入电影制作领域，我们担忧随着其应用的增多，学习艺术多年的传统艺术家未来该如何发展。

张亚勤：部分工作可能会消失，但总体而言，文艺创作尤其是电影，其核心魅力在于故事情节、灵感、人性和情感，这是其生命力所在。Chat GPT、Stable Diffusion、Midjourney 或 Runway Clip 等生成的内容缺乏这些要素，其灵感也源于人类。例如《流浪地球 2》中的 MOSS，技术上可实现语音合成、自然交互和不断学习等功能，但它没有自我意识和情感。我近期思考了三个概念：machine（机器）、brain（大脑）和 minds（心智）。未来机器可能实现甚至超越人类的大脑功能，但无法拥有心智。MOSS 虽可进化，但无自我意识和情感。我们不必过度焦虑，我个人的焦虑源于生成式 AI 算法存在问题，生成内容可能存在幻觉、非事实、造假等情况，在信息领域会产生影响，但这是可以解决的。下一代人工智能将走向新的物理智能、形体智能、生物智能，当 AIGC 应用于无人车、无人机、机器人时，若缺乏因果性和透明性，会带来更大的风险。在生物和生理领域风险更大，人机接口或芯片连接后，若 AI 影响大脑、决策、行为和思考，那就必须加以控制。因此，我签署了《人工智能风险声明》，呼吁重视人工智能风险的程度应等同于重视核武器、大流行疾病。但我相信人类有能力控制风险，既然能发明技术，就能掌控其发展方向，关键是要有风险意识。

马瑞青：科学发明创造需要开源共享以实现迭代和精进，而艺术创作尤其是艺术家需要版权保护以获取支持，两者如何协调？在版权保护方面，如 Midjourney，美国编剧工会罢工也是因为创作权益的问题，还有两位作家控告 OpenAI 学习其作品，这涉及张院士提及的伦理和治理问题。

郭帆：此前张院士的发言提及系统复杂到一定程度会涌现。在此暂不考虑知识产权保护问题，面对涌现问题，知识产权保护可能需要后置。当系统足够复杂，如何控制涌现以及处理如意识定义等问题？若涌现产生新意识并重新定义世界和意义框架，我们应如何应对？

张亚勤："涌现"存在歧义，目前人工智能的涌现不会产生意识，智能有限，模型参数增大使任务完成更准确，但未产生新的意识或情感。这类似蚁群或鸟类，个体能力有限，但群体聚集会产生特殊能力，人工智能中的涌现与之相似。这是现实探讨内容，或许可融入《流浪地球 3》的创作。

致　谢

在本书成书过程中，我得到了不少朋友的帮助和支持，在此我想对他们表达由衷的感谢。

感谢姚期智先生、雷军先生于百忙中拨冗审阅本书的草稿，并亲自撰写了精彩序言，感谢李开复先生、施瓦布先生为本书撰写推荐语。

感谢我清华 AIR 的睿智又勤奋的同事：马维英、赵峰、刘洋、聂再清、刘云新、刘菁菁、兰艳艳、陈亦伦、周浩、周谷越、刘洋（女）、李鹏、彭健、马剑竹、詹仙园、马为之、李元春、王岩、龚江涛、赵昊、袁基睿、张策、黄婷婷，他们为部分章节增添了一些准确且新颖的信息。很荣幸在创新长路上有他们相伴。

感谢中信出版集团副总编辑李穆、主编寇艺明和责任编辑杨舒钠，深蓝海域（DBO）的岳阳以及清华 AIR 的张丹阳、黄妍，他们在本书编辑、审读和校订过程中付出了大量的心血，提供了重要的帮助。

这些年来，我写过、参与创作过几本书，但没有一本像本书这样，在写作的过程中面临技术频繁迭代，书的内容也必须随之不断更新。本书最终于 2024 年 12 月定稿，受时间所限，并未能全面深入剖析后来轰动全球的 DeepSeek。DeepSeek 是比 ChatGPT 更激动人心的冲击波，这也印证了 AI 时代是技术变革最快的时代，今天攀越巅峰、一览众山小的技术，明天就会被新的技术超越、颠覆。而这或许正是 AI 时代的魅力所在，令不同国家、不同种族、不同世代的科学家们竞相追逐。同时，我很高兴地看到，中国学者在这轮技术浪潮中勇立潮头，不管在基础算法还是产业应用中都做出突出贡献，我深感骄傲。

未来将因此而变。

吾知有涯、前沿无尽。AI 时代刚刚启幕，我想未来的几十年，我们还将见证、参与一轮又一轮改变世界、鼓舞人心的创新。